W0195394

CHRISTOPH SPÖCKER

MICHAIL GORBATSCHOW

— KLEINE ANEKDOTEN AUS DEM LEBEN EINES GROSSEN POLITIKERS —

Bibliografische Information der Deutschen Nationalbibliothek

Die Deutsche Nationalbibliothek verzeichnet diese Publikation in der Deutschen Nationalbibliografie. Detaillierte bibliografische Daten sind im Internet über http://dnb.d-nb.de abrufbar.

Für Fragen und Anregungen

info@rivaverlag.de

Originalausgabe
1. Auflage 2021
© 2021 by riva Verlag, ein Imprint der Münchner Verlagsgruppe GmbH
Türkenstraße 89
80799 München
Tel.: 089 651285-0
Fax: 089 652096

Redaktion: Mara Mijolović
Umschlaggestaltung: Catharina Aydemir
Umschlagabbildung: ZB – Fotoreport
Satz: Tobias Prießner
Druck: Graspo CZ, Tschechische Republik
Printed in the EU

ISBN Print 978-3-7423-1440-6
ISBN E-Book (PDF) 978-3-7453-1100-6
ISBN E-Book (EPUB, Mobi) 978-3-7453-1101-3

Weitere Informationen zum Verlag finden Sie unter

www.rivaverlag.de

Beachten Sie auch unsere weiteren Verlage unter www.m-vg.de

Inhalt

Vorwort

*»Wer zu spät kommt,
den bestraft das Leben.«*

Genau genommen hat der sowjetische Generalsekretär diesen Satz so nie gesagt. Trotzdem gilt er als sein wohl bekanntestes Zitat. Wenn man einen Blick in die Archive wirft, findet man schnell, dass der Dolmetscher Gorbatschows Ausspruch nur ein wenig verändert hat. Und schon ist ein Zitat für die Ewigkeit entstanden, das übrigens maßgeblich zum Sturz des DDR-Regimes und der deutschen Wiedervereinigung beigetragen hat.

Michail Sergejewitsch Gorbatschow ist in der Tat eine schillernde Figur der Weltgeschichte. Nicht nur aufgrund des auffälligen Muttermals auf seinem Kopf, sondern vor allem wegen seiner einzigartigen Verdienste für sein Land und für die Welt.

Als Initiator von Perestroika und Glasnost ist er die treibende Feder in der Öffnung und Demokratisierung der Sowjetunion. Er leistet mit seinen Staatsbesuchen und seiner diplomatischen

Ader unschätzbar wertvolle Beiträge zur atomaren Abrüstung und führt in Zusammenarbeit mit Ronald Reagan, Margaret Thatcher und anderen hohen Politikern das Ende des Kalten Krieges herbei.

Als Sohn einer armen Bauernfamilie im Nordkaukasus ist seine Kindheit geprägt von Entbehrungen. Er ist noch klein, als der Zweite Weltkrieg ausbricht und sein Vater Sergej Andrejewitsch Gorbatschow an die Front beordert wird. Dadurch ist Michail Gorbatschow früh gezwungen, erwachsen zu werden. Seine unermüdliche Arbeitsmoral lässt sich sicherlich auch auf seine Kindheit und die harte Arbeit in der Landwirtschaft zurückführen.

Betrachtet man seinen einfachen bäuerlichen Hintergrund, ist es schwer vorstellbar, wie dieser Junge aus der Provinz zu einem der mächtigsten Männer des Planeten aufsteigen kann.

Michail Gorbatschows Leben erzählt eine Erfolgsgeschichte, wie man sie nur selten findet.

Auf seinem Weg vom gelernten Mechaniker zum Jahrhundertpolitiker erlebt Michail Gorbatschow eine unglaubliche Karriere. Am 2. März 2021 feiert der große Staatsmann seinen neunzigsten Geburtstag. Dazu möchten wir herzlich gratulieren und mit den hier gesammelten Anekdoten einen kleinen Einblick in das Leben dieses großen Staatsmannes geben.

Die Sache mit dem Namen

Als Michail Gorbatschow am 2. März 1931 in Priwolnoje das Licht der Welt erblickt, ahnt noch niemand, was für eine Schlüsselrolle dieses Kind später einmal in der Weltgeschichte einnehmen wird.

Dabei sind die Zeichen von Anfang an recht deutlich. Seine Eltern, Kolchosbauern wie der Rest der Dorfbewohner, leben damals zusammen mit Michails Großeltern in einer bescheidenen Behausung. Sie besteht aus der Stube der Großeltern, einem Gemeinschaftsraum und einer Vorratskammer. In diesem bescheidenen Raum, gebettet auf ein Lager aus Stroh, bringt seine Mutter Maria Pantelejewna Gopkalo ihren Erstgeborenen zur Welt.

Der Stall ist gleich nebenan und da ist es nicht weiter verwunderlich, dass Gorbatschows Tochter Irina später einen naheliegenden Vergleich zieht.

»[D]u bist ja geboren wie Jesus Christus«, sagte Irina damals.

Der Vater lacht angesichts dieser Parallele und ermahnt seine Tochter zugleich mit den Worten: »Aber sag es niemand weiter.«

Ursprünglich bekommt Gorbatschow von seinen Eltern den Namen Viktor. Doch sein Großvater Andrej hat offenbar andere Pläne für den Enkel. So antwortet Andrej dem Priester während der Taufe, der Junge solle Michail heißen. Womit die Namensgebung der Eltern nichtig und der Name des Jungen ein für alle Mal festgelegt ist. Nicht Viktor, sondern Michail heißt der Sprössling der Gorbatschows fortan. Und dieser Michail wird schon bald in aller Munde sein. Nicht nur in Russland und der Sowjetunion, sondern weit über die Grenzen des einstigen Zarenreichs hinaus.

Ein Schatz

Der kleine Michail wächst in materiell bescheidenen Verhältnissen auf. In seinem Heimatdorf gibt es weder Strom noch Radio. Die Gegend ist geprägt von Ackerbau und Viehzucht, wobei der Großteil der landwirtschaftlichen Erzeugnisse nach Moskau, St. Petersburg oder auch in Großstädte im Ausland exportiert wird. Die Böden in Priwolnoje sind nicht besonders fruchtbar, und die kargen Steppengebiete sind alles andere als ideal für die Landwirtschaft. Temperaturen zwischen minus zwanzig und minus dreißig Grad sind im Winter keine Seltenheit. Im Sommer hingegen machen heiße Sandstürme den Menschen das Leben schwer. Trotz aller Widrigkeiten ringen die Bewohner der Region Stawropol dem Land Jahr um Jahr den nötigen Ertrag ab, um ihr Überleben zu sichern.

Durch die Kargheit der Region und die im Übrigen äußerst bescheidenen Lebensumstände sind die Menschen aus Priwolnoje und Umgebung jeher zu Sparsamkeit und gewissenhafter Vorratshaltung gezwungen.

So lässt sich auch leichter nachvollziehen, warum Michails Großvater Andrej zu Anfang des 20. Jahrhunderts auf dem Dachboden seiner Hütte einen besonderen Schatz versteckte. Michail, der sich später mit Vorliebe auf dem Dachboden herumtreibt, um zwischen Zwiebacksäcken ein Nickerchen zu halten, stößt eines schönen Tages auf das Schmuckstück seines Großvaters.

Zwei Säcke voll mit »merkwürdigen farbigen Scheinen« tauchen da auf einmal inmitten der Lebensmittelvorräte auf. Säcke voller Geld! Was auf den ersten Blick wie ein wahrlicher Schatz aussehen muss, stellt sich schnell als völlig wertloses Papier heraus.

Die seltsamen Scheine sind nämlich keine russischen Rubel, sondern vielmehr sogenannte Kerenki.

Dabei handelt es sich um die Währung, die die provisorische Regierung Russlands nach der Oktoberrevolution 1917 ausgab. Michails Großvater hat sie vorsichtshalber aufgehoben in dem Glauben, sie könnten vielleicht eines Tages wieder einen Wert haben.

Dieser Tag ist am Ende nie eingetreten, doch die Geschichte spiegelt die Mentalität der damaligen Landbevölkerung auf eindrucksvolle Weise wider. Michail Gorbatschow selbst resümiert die Geschichte trocken mit den Worten: »Wie Bauern eben so denken!«

Die ersten Reisen

In seiner Zeit als Politiker bereist Michail Gorbatschow fast den gesamten Erdball. Doch in seiner Kindheit und Jugend verlässt er seinen Heimatort Priwolnoje so gut wie nie.

Da sind sein erster Ausflug nach Stawropol mit einigen Mechanikern und die Fahrt zur Bahnstation Pestschanokopskoje mit seiner Tante Sanja sicherlich willkommene Abwechslungen zum immer gleichen Landleben und der Monotonie des Bauerndaseins.

Vor allem die Fahrt zur Bahnstation mit seiner Tante bleibt Michail im Gedächtnis. An jenem Tag sieht er zum ersten Mal in seinem jungen Leben eine Lokomotive.

Bis es allerdings soweit ist, dass der Junge seine Heimat verlassen und sich in der Hauptstadt größeren Aufgaben stellen wird, muss er sich mit Ausflügen zu seinem Großvater Pantelej und seiner Großmutter Wasilisa ins Nachbardorf begnügen.

Immer häufiger zieht es Michail zu seinen Großeltern. Auch wenn ihn die Eltern lieber in Priwolnoje sehen wollen, lässt sich ihr Sohn nicht von ihnen aufhalten und läuft dem Fuhrwerk seines Opas oft kilometerlang hinterher.

In der Regel zeigt sich Pantelej seinem Enkel gegenüber wohlwollend und lässt ihn nach einer Weile auf dem Karren mitfahren.

So gut sich Michail mit seinem Großvater versteht, ist es doch die Großmutter Wasilisa, mit der ihn das innigere Verhältnis verbindet.

Die beiden verstehen sich so gut, dass sie es ihm nicht einmal übelnimmt, dass er sie eines Tages in ihrem eigenen Haus einsperrt. Der Grund für Michails Streich: Wasilisa weigert sich, ihm noch mehr Zucker zu geben.

Bis heute erinnert sich der große Staatsmann und Nobelpreisträger mit großer Freude an seine Großmutter.

Kein Wunder, denn Michail war Zeit ihres Lebens ihr absoluter Lieblingsenkel.

Krieg

So gerne sich Michail Gorbatschow an seine Großmutter erinnern mag, so früh endet seine Kindheit. Er ist gerade einmal neun Jahre alt, als der Zweite Weltkrieg ausbricht. Bald schon nimmt die Wehrmacht große Teile Russlands ein. Im Winter der Jahre 1941 und 1942 erreichen die Deutschen die russische Hauptstadt. Nur wenige Kilometer trennen die Nazis vom Kreml.

Während Michails Vater in der Roten Armee gegen die feindlichen Armeen kämpft, muss der junge Michail mit den Frauen zu Hause bleiben. Zu Hause im Stawropoler Land ist von den Deutschen zwar vorerst wenig zu sehen. Dafür schlägt der Winter umso härter zu. Bereits Anfang September kommt der erste Schnee und hält sich bis weit ins Frühjahr hinein. Zu Beginn der vierziger Jahre sind zwar noch genügend Vorräte da, doch es zeigen sich bereits zu diesem Zeitpunkt die ersten Unheilsboten. Feuerholz wird zur Mangelware und vor allem die Beschaffung von Viehfutter immer mehr zur Herkulesaufgabe. Nicht zuletzt, weil die Männer alle an der Front dienen und die Frauen die harte Arbeit ganz allein bewältigen müssen.

In dieser Zeit muss auch Michail lernen, früh Verantwortung zu übernehmen. Seine Kindheit endet so gewissermaßen im Frühjahr 1942 – da ist der Junge gerade einmal zwölf Jahre alt.

Seine Mutter ist von früh bis spät in der Landwirtschaft beschäftigt, während sich Michail zu Hause um die Kuh und Brennholz oder anderes Heizmaterial kümmern muss. Gerade eben noch ein Kind gewesen, ist er nun gezwungen, über Nacht erwachsen zu werden.

Groß ist der Jubel, als die Nachricht von der Niederlage der Deutschen Priwolnoje erreicht. Das unbeschreibliche Gefühl, überhaupt und körperlich am Leben zu sein, hielt nicht lange an.

Aufgrund schlechter Ernten und der Verpflichtung, der Armee Feldfrüchte zur Verfügung zu stellen, spitzt sich die Situation weiter zu – es steht immer schlechter um die Bauern. Nach dem schweren Hungerwinter 1933 erleben auch Michail und seine Familie die schrecklichen Entbehrungen am eigenen Leib.

Im Winter 1944 sind schließlich so gut wie alle Lebensmittel aufgebraucht. Die Nachricht, man könne am Kuban – so heißt ein Fluss der Region – Mais kaufen, scheint die Rettung zu sein. Mit zwei Paar Stiefeln und einem Anzug des Vaters im Gepäck macht sich Maria Gorbatschow zusammen mit anderen Müttern auf den Weg dorthin, um Kleidung gegen Lebensmittel einzutauschen. Ihrem Sohn lässt sie einen streng rationierten Vorrat an Maiskörnern da, der ihm bis zu ihrer Rückkehr reichen muss.

So kocht sich Michail täglich seinen Maisbrei und wartet darauf, dass seine Mutter nach Hause zurückkommt. Zwei Wochen bleibt sie fort, ehe sie endlich wieder mit ihrem Sohn vereint ist. Und sie kehrt nicht mit leeren Händen heim, sondern mit einem Sack Mais auf den Schultern.

»Das war unsere Rettung«, erinnert Gorbatschow.

Kurz darauf bringt die Kuh der Familie auch noch ein Kalb zur Welt. Und so überleben Michail und seine Mutter mit Milch und Mais. Ja, sie haben sogar ein wenig übrig und können den hungrigen Nachbarskindern etwas abgeben. Anfangs teilt Maria die immer noch knappen Lebensmittel nur unter Protest. Letztlich erbarmt sie sich aber jedes Mal und so kommen auch die Nachbarskinder durch die entbehrungsreiche Zeit.

Briefe post mortem

Als wäre die Kriegszeit nicht schon hart genug, trifft im Sommer 1944 die traurige Meldung von Sergej Gorbatschows Tod bei Michails Familie ein. Die Postsendung enthält Fotos der Familie, einige Papiere und die knappe Meldung, dass Michails Vater den Heldentod gestorben sei.

Die Nachricht ist natürlich ein Schock für die Familie und alle folgenden Tage sind erfüllt von Tränen und Trauer. Da hat der Vater solch entsetzliche Schlachten wie die Befreiung von Stanislaw überlebt und dann kommt er in den Karpaten um. Die Familie Gorbatschow kann ihr Unglück kaum fassen. Drei Tage nach der Meldung von Sergejs Tod kommt noch ein weiterer Brief.

Er ist, wie auch der erste, auf den 27. August 1944 datiert. Nur diesmal stammt der Brief von Michails Vater persönlich. Wie ist das möglich? Hat der Vater den Brief geschrieben, kurz bevor er in den Karpaten den Tod fand?

Weitere vier Tage später flattert erneut ein Brief des Vaters zur Tür herein. Schon ist die Trauer vergessen und weicht der Freude über die Tatsache, dass Sergej Gorbatschow doch noch am Leben ist. Umgehend setzt Michail ein Antwortschreiben auf, in dem er seinen Unmut über die Falschmeldung zum Ausdruck bringt. Doch Sergej Gorbatschow ermahnt ihn in seiner Antwort, mit dem Nachrichtendienst der Armee nachsichtig zu sein. Im Krieg kämen alle möglichen Ungereimtheiten vor, erklärt der Vater. Die Soldaten treffe keine Schuld.

Später, wieder bei seiner Familie, klärt Sergej die Falschmeldung auf. Seine Einheit hat am Berg

Magur in der Nacht vor der Falschmeldung seines Todes einen Gefechtsstand errichtet.

Als sie urplötzlich Schüsse hörten, suchten sie alle schnell das Weite. Dabei ging die Tasche des Vaters verloren. Darin befanden sich seine Papiere und einige Familienfotos.

Am darauffolgenden Morgen begann der Angriff und ein paar Soldaten fanden seine herrenlose Tasche. Durch die Annahme, ihr Besitzer wäre bei der Offensive gefallen, kam es zur Falschmeldung von Sergej Gorbatschows Tod. Oder wie Michails Vater später scherzhaft sagt: Zu seiner »zweite[n] Geburt.«

Zurück auf die Schulbank

Nach einer zweijährigen, kriegsbedingten Schulpause muss der junge Michail 1944 zurück an die Schulbank. Blöd nur, dass er nicht die geringste Lust darauf hat. Nach seinen Erlebnissen in der Kriegszeit und seinem beschleunigten Erwachsenwerden tut er sich nun schwer, die Schule ernst zu nehmen. Ja, er hat noch nicht einmal angemessene Kleidung für den Schulalltag. Seinem Vater ist die Bildung seines Sohnes jedoch sehr wichtig und er beauftragt Michails Mutter in einem Brief, alles dafür zu tun, dass der Sohn am Unterricht teilnehmen könne.

Nur Michail selbst sieht die Sache völlig anders. Bereits am ersten Schultag geht er vorzeitig nach Hause und konfrontiert seine Mutter mit dem Beschluss, dass er nicht mehr in die Schule gehe. Maria Gorbatschowa hat die Worte ihres Mannes Sergej allerdings nicht vergessen und so geht sie los, um einige Zeit später mit jeder Menge Bücher nach Hause zurückzukehren.

Kaum hat sich der junge Michail aufgerafft, in einige Buchseiten hineinzuschmökern, so ist auch gleich seine Leselust geweckt. Von der ganzen Leserei ganz übernächtigt, aber voller neuem Wissensdrang macht er sich fortan – ganz und gar freiwillig! – zur Schule auf.

Die örtliche Bildungseinrichtung erweist sich bedauerlicherweise als genauso vom Krieg mitgenommen wie alle anderen Bereiche des damaligen Lebens. Die Schule befindet sich in einem desolaten Zustand, ja, es gibt noch nicht einmal ein echtes Schulgebäude.

Die Klassenzimmer sind stattdessen in verschiedenen Gebäuden im ganzen Dorf verteilt. Schulbücher erweisen sich als Mangelware. Es gibt ein paar Landkarten und ein wenig Kreide. Tinte und Schreibunterlagen müssen die Schüler selbst herstellen.

Insbesondere die Beheizung der Schulräume stellt jeden Tag aufs Neue eine Herausforderung dar. Zur Beschaffung von Heizmaterial unterhält die Schule einen Wagen samt Pferden.

Leider ist das Futter so knapp, dass die armen Tiere völlig ausgezehrt und immer wieder am Ende ihrer Kräfte sind. Dennoch gelingt es der gesamten Schulfamilie, sowohl Futter als auch Heizmaterial zu beschaffen und den Schulbetrieb so weiter am Laufen zu halten.

Nach anfänglichem Widerwillen zeigt sich Michail schon bald als äußerst fleißiger Schüler, der für sein Leben gerne lernt. Mit seiner Neugier und dem Drang, alles bis ins Detail zu erforschen, findet der junge Gorbatschow ein reges Interesse an der Mathematik und Physik.

Das Fach, das den Schüler für sein gesamtes späteres Leben beeinflussen wird, ist die russische Literatur.

Noch heute bekennt er sich als großer Fan von Puschkin, Lermantow, Gogol, dem späteren Tolstoi, Dostojewski und Turgenew.

Wiedersehen

Im Sommer 1945 sehen sich Vater und Sohn nach langer Trennung zum ersten Mal wieder. Sergej Gorbatschow dient in dieser Zeit nach wie vor in der Armee, bekommt jedoch die Erlaubnis zu zwei Tagen Heimaturlaub.

Michail ist gerade bei der Arbeit im Hof, als der Ruf von der Ankunft seines Vaters an seine Ohren dringt. Sofort springt er auf und läuft los. Wenige Augenblicke später stehen sich die beiden gegenüber. Michail erkennt seinen Vater zwar sofort, dennoch wird schnell klar, dass da nicht derselbe

Mann vor ihm steht, der vor Jahren in den Krieg gezogen ist. Doch nicht nur der Vater hat sich verändert. Auch Michail ist in der Zwischenzeit groß geworden.

Sergej Gorbatschow fällt jedoch vor allem auf, wie entsetzlich dünn sein Sohn ist.

Voller Verbitterung kommt ein Satz über seine Lippen, der Michail nie wieder aus dem Kopf gehen soll: »Und dafür sollen wir gekämpft haben?!«

Wahrscheinlich haben sich Vater und Sohn ihr Wiedersehen anders vorgestellt. Doch was will man machen? Der Zweite Weltkrieg hatte doch gerade so deutlich gezeigt, wie meilenweit die Ideale junger Soldaten und die Wirklichkeit des Krieges auseinanderklaffen.

Eine Tatsache, die einem besseren Verhältnis zwischen Vater und Sohn zum Glück nicht unabsehbar lange im Wege stehen wird. Michail und sein Vater überwinden ihre anfänglichen Schwierigkeiten und freunden sich immer mehr an. Mit seiner Entlassung aus der Armee betätigt sich Sergej Gorbatschow wieder als Mähdreschermechaniker für die Kolchose. Bereits im nächsten Jahr unterstützt Michail ihn den Sommer über als Gehilfe. Sobald die Schulglocke nach der letzten Stunde läutet, rennt er erst zu seinem Großvater, um sich umzuziehen. Dann rennt er weiter zur Maschinen- und Traktoren-Station und hilft seinem Vater bei der Instandhaltung der Traktoren und Mähdrescher.

Es ist eine sehr prägende Zeit für den jungen Michail. Und eine äußerst wertvolle für das Verhältnis von Vater und Sohn.

Auszeichnung

Die Liste der Auszeichnungen und Orden, die Michail Gorbatschow im Laufe seines langen Lebens bekommt, ist nicht nur lang. Sie ist darüber hinaus auch äußerst eindrucksvoll. Dreimal gleich erhält er in den siebziger und achtziger Jahren den in der Sowjetunion hoch geschätzten Leninorden. Er ist Träger des Ehrenzeichens der Sowjetunion und bekommt etliche Auszeichnungen im Rahmen seines unermüdlichen Einsatzes für den Weltfrieden. 1990 wird ihm sogar der Friedensnobelpreis verliehen. Wissenschaftspreise, Auszeichnungen für seine Bemühungen im Bereich Naturschutz und sogar der Musikpreis Comet reihen sich ebenfalls in diese lange Liste ein, um an dieser Stelle nur ein paar zu nennen.

Für ihn persönlich wird jedoch die erste Auszeichnung, die er in seinem Leben erhält, für immer die wichtigste bleiben.

Die Geschichte ereignet sich 1948 und ist untrennbar mit der Landwirtschaft verbunden – Zeit seines Lebens eine absolute Herzensangelegenheit des großen Politikers. Nachdem es in den Vorjahren zahlreiche Missernten in der Region Stawropol gegeben hat, schlägt im Sommer 1948 endlich wieder eine anständige Getreideernte zu Buche.

Michail und sein Vater ernten mit ihrem Mähdrescher stolze 8888 Dezitonnen Getreide und werden für diese Leistung prompt vom Präsidium des Obersten Sowjets der UdSSR ausgezeichnet.

Sergej Gorbatschow erhält für die stattliche Ernte den Leninorden, sein Sohn Michail bekommt den Orden des Roten Banners.

Als die Nachricht die Runde macht, wird eine Versammlung in der Schule einberufen. So etwas hat Michail bis dahin noch nicht erlebt. Anlässlich der Auszeichnung hält der Siebzehnjährige an jenem Tag auch gleich noch seine erste öffentliche Rede.

Obwohl er sehr verlegen gewesen sei, sei er natürlich trotzdem froh gewesen. So bleibt der Tag für Michael Gorbatschow unvergesslich und der Orden des Roten Banners ist ihm »bis heute der teuerste.«

Schwarzfahrer

Nach einigen Jahren als Gehilfe seines Vaters macht Michail Gorbatschow 1950 seinen Schulabschluss. Er ist neunzehn Jahre alt und erhält die Silbermedaille für sein Abschlusszeugnis. Normalerweise würde er in diesem Alter zur Armee einberufen, doch Michail hat Glück und wird ausgemustert.

Nun stellt sich die Frage, wie es weitergehen soll. Grundsätzlich bleiben ihm zwei Optionen:

Er kann entweder in Priwolnoje bleiben und mit seinem Vater weiterhin als Mechaniker arbeiten. Die nötige Qualifikation dafür hat er. Ja, er kennt die Maschinen sogar so gut, dass er allein am Geräusch diagnostizieren kann, welches Teil repariert oder ausgewechselt werden muss. Die zweite Option ist ein Studium an der Universität. Eine bessere Wahl?

Im Grunde ist Michail schon lange klar, welche Richtung er einschlagen möchte. Er möchte sich weiterbilden und studieren, und sieht in der Maschinen- und Traktorenstation immer weniger eine Berufsperspektive. Ursprünglich schweben ihm mehrere Studiengänge vor. Ein technisches Studium liegt mit seinen bisherigen Vorerfahrungen sehr nahe, weshalb er erwägt, sich an zwei verschiedenen technischen Instituten in Moskau zu bewerben. Doch da ist auch noch die Sache mit seinem Großvater, der unter Stalin zu Unrecht eingesperrt wurde. Diese Ungerechtigkeit lässt Michail nicht los und er beschließt schlussendlich, sich für ein Jurastudium zu bewerben. Zu seiner großen Freude bekommt er einen Platz an der begehrten Lomonossow Universität in der russischen Hauptstadt. Und das ohne ein persönliches Vorstellungsgespräch. Ein Wohnheimplatz und ein Stipendium sind ihm auch sicher. Seine Zusagen führt er neben seiner Berufserfahrung und seiner ausgezeichneten Schulnoten maßgeblich auf seine verschiedenen Tätigkeiten im Rahmen der kommunistischen Partei zurück: »So waren die Zeiten damals eben.«

Mit dem Ortswechsel bahnen sich große Veränderungen im Leben des jungen Mannes an. Bereits die Reise nach Moskau gestaltet sich abenteuerlich. Per Anhalter fährt er mit seinem Vater zum Bahnhof Tichoretzk, wo er in den Zug nach Moskau steigt. Es ist die erste Bahnfahrt im Leben des Neunzehnjährigen. Gemeinsam suchen die beiden einen Sitzplatz für Michail. Dann heißt es, Abschied nehmen.

Dummerweise vergisst Sergej Gorbatschow in der ganzen Aufregung, seinem Sohn die Fahrkarte zu geben, bevor er aus dem Zug steigt. Kurze Zeit später steht der Kontrolleur vor dem angehenden Studenten und fordert ihn auf, seinen Fahrschein vorzuzeigen. Michail weiß nicht, was er jetzt tun soll. Doch die Rettung eilt bereits herbei. Den anderen Fahrgästen im Abteil ist die mit etlichen

Orden gespickte Uniform seines Vaters nicht ent-
gangen und sie belehren den eifrigen Kontrolleur
schnell eines Besseren. Am nächsten Bahnhof
muss sich der Schwarzfahrer Gorbatschow trotzdem eine Fahrkarte kaufen.

Als er schließlich in Moskau ankommt, ist der junge Mann absolut überwältigt. Als Landbewohner
sind ihm die meisten technischen Errungenschaf-
ten der Großstadt fremd und sowohl die U-Bah-
nen als auch die Rolltreppen der Stadt stellen ihn
vor erste Herausforderungen. Wenn er sich heute daran zurückerinnert, muss Michail Gorbatschow lachen. Hätte er damals schon gewusst, welche Aufgaben später einmal in der Hauptstadt auf
ihn warten, hätte er die Rolltreppe sicherlich als
Klacks betrachtet.

Ceterum censeo ...

Die Zeit an der Universität ist für Michail Gorbatschow eine unvergessliche Zeit. Und das nicht
nur, weil er in diesen Jahren auch seine geliebte
Raissa kennenlernt. Auch die Professoren, seine
Kommilitonen und das aufregende Leben in der

Stadt tragen maßgeblich dazu bei, dass er sein Jurastudium nach wie vor in bester Erinnerung behält.

Wie schon in der Schule erweist sich Michail auch an der Universität als helles Köpfchen und schließt sein Studium letztlich mit Auszeichnung ab.

Er erhält das Rote Diplom – ein Zeugnis voller Einsen, lediglich in zwei Fächern steht ein »gut« auf dem Papier. Eines der Fächer ist Latein. Als sein Lateindozent Saketti sich mit gespieltem Entsetzen bei ihm erkundigt, wie ihnen beiden das nur hätte passieren können, antwortet Gorbatschow ganz frei heraus: »Ich weiß nicht. Sie sind schuld.«

Keine Diskussion

Michail Gorbatschow zählt zu den besten Studenten seines Faches und legt so einen Grundstein für eine erfolgreiche Karriere als Jurist. Was ihm an der Lomonossow-Universität allerdings entscheidend im Wege steht, ist, dass er mit seiner Meinung nicht hinter dem Berg hält. Er spricht aus, was er denkt – und das kann einen durchaus in Schwierigkeiten bringen.

Seine Universität ist wie die anderen Hochschulen des Landes eine staatliche Einrichtung. Sie hängt am politischen System der Sowjetunion. Kritische Äußerungen über die Organe der Universität oder die Partei sind unerwünscht.

Die Konsequenzen dieses »eingespielte[n] Spiel[s] allgegenwärtiger Kontrolle«, wie er sich ausdrückt, bekommt Michail schließlich zu spüren, nachdem er sich bei einer Parteiversammlung zu einem abschätzigen Kommentar über die Analysemethoden einer seiner Lehrer hinreißen lässt. Sein Studienkollege Walerij Schapko macht ihn umgehend auf seinen Fehler aufmerksam und rät ihm, sich derlei kritische Bemerkungen besser zu verkneifen. Zumindest bis nach dem Examen.

Der junge Gorbatschow kann nur über die Warnung seines Freundes lachen. Als dann jedoch die Examensprüfungen kommen, unterläuft ihm ein klitzekleiner Fehler. Er zitiert den Titel eines Buches nicht ganz richtig und der Prüfer trägt ihm prompt und voller Genugtuung eine Zwei ein.

Die Zwei im Examen wäre ja noch zu verschmerzen. Schließlich kann er auch mit Saketti über die Zwei in Latein lachen. Die damit einhergehende Streichung seines Stipendiums trifft den Studenten allerdings schon bedeutend härter. Und zwar nicht nur finanziell, sondern auch im Hinblick auf sein Selbstbewusstsein.

Ein ähnliches Erlebnis hat der Student Gorbatschow einmal während einer Vorlesung. Normalerweise hat eine solche Lehrveranstaltung ja mehr einen freien Vortragscharakter. Doch der damalige Dozent interpretiert den Begriff wohl sehr wörtlich und liest einfach nur ein von Stalin verfasstes Skript ab. Gorbatschow missfällt das und lässt dem Referenten eine Notiz zukommen. Darin bezeichnet er das Verhalten des Dozenten als respektlos seinen Zuhörern gegenüber. Die Lehrkraft ist von der Kritik seines Studenten verständlicherweise überhaupt nicht begeistert und reicht sogleich bei der Kommunistischen Partei und deren Jugendabteilung Komsomol Beschwerde gegen den Genossen Gorbatschow ein.

Letztendlich löst sich die Angelegenheit jedoch in Luft auf und Gorbatschow kommt noch einmal mit seiner Kritik davon. Nicht zuletzt erneut wegen seiner Herkunft als Arbeiter und Bauer. Ja, nicht wenige bezeichnen Gorbatschow in der damaligen Zeit sogar fast als Dissidenten. Er sieht sich aber nicht als Andersdenkenden im Sinne eines Revisionisten, sondern begreift sich vielmehr als Anhänger eines neuen Sozialismus. Ohne ein starres und reglementierendes System, dafür mit menschlichem Antlitz.

Per Sie mit der großen Liebe

Es ist das Jahr 1951 und Michail Gorbatschow sitzt wie so oft in seiner Studentenunterkunft und lernt. Ein wichtiges Seminar steht an und als gewissenhafter Student bereitet sich Gorbatschow stets gut vor. An diesem Abend macht ihm das Schicksal allerdings einen Strich durch die Rechnung.

Denn an diesem Herbstabend soll er Raissa kennenlernen. Als ihm seine Freunde von dem neuen Mädchen erzählen, hält sich sein Enthusiasmus jedoch in Grenzen. Mädchen gebe es so viele, meint Gorbatschow lakonisch. Er wolle lieber noch etwas lernen.

Zum Glück setzen sich seine Freunde letztlich doch durch und überzeugen Gorbatschow, mit ihnen in den Club zu gehen. In diesem Club begegnet Michail zum ersten Mal seiner Raissa. Er ist wie vom Donner gerührt, denn die junge Philosophiestudentin beeindruckt ihn zutiefst. Raissa hingegen konnte sich kaum weniger für ihn interessieren und so trennen sich ihre Wege schon bald wieder.

Doch es soll nicht allzu lange dauern, bis sich die beiden wiedersehen. Nur ein paar Tage später sitzt sie zusammen mit ein paar anderen Studentinnen in Michails Zimmer. Sein Freund Jura Topilin hat die Mädchen eingeladen.

Die Studenten trinken Tee und unterhalten sich über dies und das. Als es schließlich um Gorbatschows Alter geht, reagiert Raissa mit Unglauben. Der junge Mann vor ihr soll erst zwanzig sein? Das hätte sie nicht gedacht. Sie diskutieren ein wenig und siezen sich dabei die ganze Zeit.

Es ist ein unangenehmes, ja peinliches Gespräch in Gorbatschows Augen. Trotzdem geht ihm Raissa danach nicht mehr aus dem Kopf.

Er will sie unbedingt wiedersehen und tatsächlich kreuzen sich ihre Wege täglich. Mal laufen sie sich in der Mensa über den Weg, mal in der Bibliothek. Zu Gorbatschows Leid begegnet Raissa ihrem Verehrer jedoch weiterhin kühl und distanziert.

Erst Wochen später bei einer weiteren Begegnung im Club nimmt der Jurastudent seinen ganzen Mut zusammen und fragt seine Angebetete, ob sie mit ihm spazieren gehe.

Sie ist einverstanden und so schlendern die beiden – in der nächtlichen Kälte – zwei Stunden durch Moskau und unterhalten sich bestens.

Gegen elf Uhr verabschieden sie sich voneinander. Jedoch nicht ohne vorher noch ein weiteres Treffen zu vereinbaren.

Bereits am nächsten Abend gehen die beiden zum ersten Mal zusammen ins Kino. Von da an treffen sie sich so gut wie täglich. Schon bald sind die beiden unzertrennlich und die beiden Studierenden könnten kaum glücklicher sein.

Der erste Kuss

Auch wenn die beiden den Großteil ihrer freien Zeit miteinander verbringen und sie sich schon früh über ihre Gefühle im Klaren sind, wie Raissa später schildert, dauert es recht lange, bis sie sich zum ersten Mal küssen.

Bei ihren Spaziergängen verschlägt es das Liebespaar oft in den Sokolniki-Park mit seinen Hirschteichen und seiner Eisbahn. Dort unterhalten sie sich und essen zusammen das eine oder andere Eis. Eines Tages haben weder Raissa noch Michail Lust, nach Hause zu gehen und sie bleiben bis abends im Park.

Auf einmal zeigen sich dunkle Wolken am Himmel. Es sieht ganz so aus, als wollte sich die Schwüle des Tages in einem ordentlichen Gewitter entladen und die meisten Spaziergänger machen sich schnell auf den Heimweg.

Nur Raissa und Michail bleiben noch ein bisschen. Als sie an den Hirschteichen vorbeikommen, schlägt Michail vor, ins kühle Wasser zu hüpfen. Raissa ist zuerst alles andere als begeistert. Sie protestiert, lässt sich schließlich aber umstimmen und kurz darauf schwimmen die zwei Verliebten durchs Wasser.

Das Gewitter lässt natürlich nicht lange auf sich warten und bricht mit einer Gewalt über die Badenden herein, die Raissa die Angst in die Augen treibt. Genau in dem Moment, als ein Blitz vom Himmel fährt und sie vor Schreck die Augen weit aufreißt, fasst sich Michail ein Herz und küsst seine Raissa. Es ist das erste Mal, dass sich ihre Lippen berühren.

Um sie herum regnet es wie aus Kübeln und der Donner untermalt den Moment grollend.

Der Kuss ist zwar etwas ungeschickt, wie Gorbatschow einräumt, dafür mangelt es ihm nicht an Leidenschaft. Was für sie zählt, ist der Moment.

Zonenleben

Nach dem doch etwas holprigen Beziehungsstart können sich Raissa und Michail ein Leben ohne einander schon bald nicht mehr vorstellen.

Zwar unternimmt Raissa in ihrem ersten gemeinsamen Winter einen halbherzigen Trennungsversuch, aber Michail kann und will ihren Wunsch nicht akzeptieren und sie bleiben zusammen.

Zwei Jahre später, im Herbst 1953, heiraten sie. Die Hochzeitsfeier findet erst ein paar Wochen später in der Stromynka, der Mensa ihres Studentenwohnheims, statt. Sie feiern im engen Kreis ihrer Freunde. Es gibt Hering, gekochte Kartoffeln und russischen Wodka. Raissa trägt während der Feier ihr Hochzeitskleid und sieht einfach bezaubernd darin aus. Wie »eine richtige Prinzessin«, erzählt Gorbatschow.

Es ist eine fröhliche Feier mit Tanz und Gesang. Die Gorbatschows sind überglücklich und alles scheint perfekt. Wäre da bloß nicht diese eine unangenehme Einschränkung.

Da die beiden sich noch im Studium befinden und in Studentenheimen untergebracht sind, dürfen sie die Nächte nicht miteinander verbringen. Das Wohnheim auf den Moskauer Leninbergen hat nämlich verschiedene Zonen. Raissas Zimmer befindet sich in Zone G, Michails in Zone W.

Im Klartext bedeutet das, die beiden dürfen maximal bis 23:00 Uhr im Zimmer des anderen bleiben. Bleiben sie länger, riskieren sie einen Regelverstoß. Und das, obwohl sie rechtsgültig verheiratet sind. Für Menschen, die außerhalb der Sowjetunion aufgewachsen sind, mag die Situation unvorstellbar sein. In der UdSSR sind derlei Vorschriften allerdings an der Tagesordnung.

Sekt und Stoli

Zwanzig Jahre später sieht das Leben der Gorbatschows schon ganz anders aus. Die Studentenzeiten, in denen Michail Gorbatschow so arm ist, dass er wochenlang denselben Anzug tragen muss, sind vorbei. Und auch die Vorschriften des kommunistischen Jugendverbandes Komsomol und die lästige Geschlechtertrennung im Studentenheim sind zum Glück schon lange Vergangenheit.

An die Hochzeit erinnert sich Gorbatschow trotzdem gerne zurück. An die Hochzeitstage ebenfalls. Sie sind für Raissa und ihn immer ein ganz besonderer Anlass zum Feiern. In all den Jahren ihrer Ehe kommt es kein einziges Mal vor, dass sie diesen Festtag verschieben oder gar ausfallen lassen müssen. Ungeachtet aller Verpflichtungen halten sie den Tag ihrer Eheschließung in Ehren und feiern ihn stets in trauter Zweisamkeit.

So auch ihren zwanzigsten Hochzeitstag im Jahr 1973. Ihn begehen sie während ihres Urlaubs im malerischen Kurort Kislowodsk, in Gorbatschows Heimatregion Stawropol. Selbstverständlich hat Gorbatschow für den Abend einen Tisch reserviert. Das Restaurant liegt in den Bergen des Nordkaukasus. Ein traumhafter Ort.

Doch die Gorbatschows sind nicht allein. Das Restaurant platzt fast vor Touristen und die Stimmung ist entsprechend ausgelassen. Es gibt Musik, die Menschen tanzen und natürlich wird auch ordentlich getrunken. Angesteckt von der festlichen Atmosphäre bestellt Gorbatschow eine Auswahl an kaukasischen Vorspeisen. Dazu gibt es eine Flasche Sekt und eine Flasche Stolitschnaja-Wodka.

Michail und seine geliebte Raissa verbringen einen wundervollen Abend und die Zeit vergeht im Flug. So schnell, dass Gorbatschow gar nicht merkt, wie rasant sich Glas auf Glas leert. Am Ende sind sowohl die Flasche Sekt als auch der Wodka bis auf den letzten Tropfen ausgetrunken. Ein Glas Sekt geht auf Raissas Rechnung. Den Rest hat Michail sich schmecken lassen.

Wie es ihm am nächsten Tag ging, erzählt der Politiker lieber nicht. Er kommentiert die Trinkleistung jenes Abends mit einem demensprechendem lakonischen Kommentar: »Das sollte sich nicht wiederholen.«

Ein Kind kommt zur Welt

So sorglos wie an ihrem Hochzeitstag im Kaukasus verläuft das Leben der Gorbatschows im alltäglichen Leben nicht immer. Mit ihrer Hochzeit beginnt zwar ein sehr glücklicher Lebensabschnitt für die beiden, doch schon bald ziehen erste dunkle Wolken am Horizont auf.

Raissa ist überraschend schwanger, was an sich ein Grund zur Freude wäre. Da Raissa jedoch immer wieder unter heftigen Rheumaattacken leidet, raten ihr die Ärzte unbedingt zu einer Abtreibung des Kindes. Die junge Frau ist am Boden zerstört und weint unaufhörlich. Die Prognosen der Ärzte bleiben so düster, dass sie das ungeborene Kind schließlich abtreiben lässt.

Auch für die Zukunft besteht beim Thema Kinderwunsch wenig Hoffnung. Enthaltsamkeit sei ein probates Mittel, lautet die Empfehlung der Mediziner. Auch ein Klimawechsel sei denkbar. In einer wärmeren Gegend löse sich das Rheumaproblem möglicherweise von selbst.

Da kommt der Umzug nach Südrussland wie gerufen. Nach dem Abschlussexamen bekommt Michail Gorbatschow eine Stelle als Staatsanwalt in seiner Heimat Stawropol. Die Region im Kaukasus ist etwas milder als Moskau und damit vielleicht der ideale Ort für Raissa. Und auch für

Michail. Nach der Studienzeit in der Hauptstadt kann er endlich nach Hause zurückkehren. In die Steppe, die er so liebt.

Der Umzug findet im Sommer 1955 statt und bereits im Januar 1957 bringt Raissa eine kerngesunde Tochter zur Welt. Die frisch gebackenen Eltern könnten kaum stolzer sein. Michail ist überglücklich. Und Raissa erst recht. Die Sorgen und Ängste der vergangenen Monate sind beim Anblick ihrer kleinen Irina sofort vergessen.

Übrigens kommt das Mädchen am 6. Januar und damit am russisch-orthodoxen Heiligabend zur Welt. Im Gegensatz zu ihrem Vater Michail findet die Geburt diesmal nicht auf einem Lager aus Stroh, sondern in einem Krankenhaus statt. Mit ein wenig gutem Willen lässt sich angesichts des Geburtsdatums doch zumindest eine kleine Parallele zur Geburt Jesu ziehen.

Staatsanwalt Gorbatschow

Nach seiner letzten Examensprüfung am 30. Juni 1955 findet Michail Gorbatschow ein höchst erfreuliches Schreiben im Briefkasten. Dabei handelt es sich um eine Einladung der sowjetischen Staatsanwaltschaft.

Da er bereits seit längerer Zeit als Sekretär der politischen Jugendorganisation Komsomol tätig ist, ist der Brief keine große Überraschung für ihn.

Schon im Vorfeld hatte der junge Jurist die Information erhalten, dass er einer der zwölf Absolventen sei, die schon bald in den Diensten der Staatsanwaltschaft der Sowjetunion stehen würden.

Die böse Überraschung erlebt er, als er etwas später bei der Staatsanwaltschaft eine harsche Absage erhält. Es sei soeben erst eine interne Verfügung der Regierung erlassen worden, die es Hochschulabsolventen verbiete, direkt nach ihrem Abschluss bei der Staatsanwaltschaft der UdSSR zu beginnen.

Man habe den gleichen Fehler bereits schon einmal gemacht, die Verantwortung über die zentralen Rechtsorganen jungen Erwachsenen zu überlassen, weitere mögliche Repressionen könne man sich im Land nicht erlauben.

Gorbatschows Enttäuschung ist natürlich riesig. Er hat bereits eine rosige Zukunft als Staatsanwalt in der Hauptstadt vor sich gesehen. Und jetzt werden seine Pläne einfach so zerstört.

Im Anschluss erhält er etliche Angebote für Staatsanwaltschaften aus der Provinz. Am überzeugendsten ist für ihn jedoch die Aussicht auf eine Stelle in der Region Stawropol.

So ziehen er und Raissa schon bald in seine Heimat, wo er gleich mit seiner Arbeit bei der Staatsanwaltschaft beginnt.

Doch die harsche Abfuhr aus Moskau und das sich andeutende Desinteresse an seiner persönlichen Situation gehen ihm nicht aus dem Kopf.

Gorbatschow bleibt so gerade einmal eine Woche bei der Staatsanwaltschaft, ehe er sich dafür entscheidet, einen Wechsel in die Politik einzuschlagen. Mit gerade einmal 24 Jahren.

Die Geschichte wird zeigen, dass er mit dieser Entscheidung, in das Regionskomitee des Komsomol zu wechseln, goldrichtig liegt.

Ein schlaues Mädchen

Ist das Leben in Stawropol anfangs noch hart und beschwerlich, werden die Zeiten nach und nach immer besser für die Gorbatschows. Nachdem sie sich drei Jahre lang eine Gemeinschaftswohnung mit mehreren Parteien teilen mussten, bekommen sie endlich ihre eigenen vier Wände und beziehen »eine geräumige Dreizimmerwohnung«.

Inzwischen verdient Michail auch genug Geld, dass sich die kleine Familie neue Möbel kaufen und den heißersehnten Kühlschrank anschaffen kann.

Aber nicht nur das Leben der Gorbatschows verbessert sich. Die ganze Stadt, ja, die gesamte Region Stawropol erlebt in dieser Zeit einen lange herbeigesehnten und dringend nötigen Aufschwung. Es entstehen neue Schulen, ein Theater und ein Hallenbad. Darüber hinaus bekommt die Stadt eine moderne Buchhandlung. Als Literaturliebhaber freuen sich Raissa und Michail darüber ganz besonders.

Auch wenn sie in der Zwischenzeit sicherlich noch einmal erheblich angewachsen ist, kann sich die Bibliothek der Gorbatschows auch schon damals durchaus sehen lassen. Zur Freude ihrer Eltern teilt auch Irina ihre Leidenschaft für Bücher. Sie ist wie schon der Vater und auch die Mutter eine vorbildliche Schülerin und bringt hervorragende Noten nach Hause.

Die Gorbatschows sind mehr als zufrieden mit den schulischen Leistungen ihrer Tochter. Sie sehen die Zeit gekommen, dem Mädchen die hohe Literatur ans Herz zu legen. In der Bibliothek der Familie befinden sich neben hunderten Bänden Weltliteratur unter anderem auch zehn Bände Weltgeschichte und noch viele weitere Bücher.

Als Raissa und Michail ihre Tochter auf die Lektüre dieser Bücher ansprechen, bekommen sie von dem Mädchen nur die kurze Antwort: »Das hab ich alles schon gelesen.«

Irina ist damals gerade einmal fünfzehn und ihre Eltern könnten wohl kaum stolzer sein. Später übertrumpft sie ihren Vater sogar noch und schließt die Schule in Stawropol mit der Goldmedaille ab. Ihr Vater hat seinerzeit nur die Silbermedaille für seinen Abschluss erhalten.

Promotion und Pelmeni

Am 5. August 1968 wird Michail Gorbatschow Zweiter Sekretär des Regionskomitees Stawropol und macht beruflich einen ordentlichen Sprung nach vorn. Doch nicht nur Michail treibt seine Karriere voran, ein Jahr zuvor hat auch Raissa nach einer längeren Pause ihre Dissertation wieder aufgenommen und ihre Promotion in Soziologie erfolgreich abgeschlossen.

Das gibt natürlich Anlass zum Feiern. Die offizielle Promotionsfeier findet in einem Restaurant statt. Dort sind hauptsächlich Raissas Kollegen mit von der Partie. Das inoffizielle Fest im Kreise ihrer Freunde feiern die Gorbatschows in ihrer Wohnung in Stawropol.

Um das Essen kümmert sich die frisch promovierte Doktorin selbst und bereitet zusammen mit zwei Freundinnen ein Festmahl aus Pelmeni, Salaten und vielen weiteren Delikatessen.

Natürlich darf bei einem solchen Anlass auch das eine oder andere Gläschen nicht ausbleiben und die Feiernden stoßen in guter russischer Tradition ordentlich auf Raissas Erfolg an.

Als Michail Gorbatschow die Idee kommt, das ältere Nachbarehepaar Larionow zu dem Fest einzuladen, ist die Gesellschaft bereits ganz ordentlich beschwipst. Pawel Larionow freut sich über die willkommene Abwechslung und mischt sich sogleich unter die Feiernden. Doch seine Frau Maria zeigt sich reichlich empört angesichts der stark alkoholisierten Gesellschaft. Eine gebildete Frau wie Raissa Maximowna könne doch nicht derart ausgelassen feiern, meint sie. Sofort beschuldigt sie Michail dafür, seine Frau zu verderben.

Der Gastgeber weiß zum Glück, wie er die Situation entspannt und lädt die Nachbarin erst einmal auf ein Gläschen ein.

Mit der Zeit wird dann auch Maria Larionow immer entspannter und feiert mit den jungen Leuten. Der Abend soll der Nachbarin allerdings noch länger im Gedächtnis bleiben, wie ihr späterer Kommentar zeigt.

»Bei so einem Treffen war ich noch nie«, gesteht sie den Gorbatschows am nächsten Tag.

Ja, mancher glaubt es kaum, aber auch Akademiker können es bisweilen ganz schön krachen lassen.

Große Pläne

Am 10. April 1970 folgt der nächste wichtige Schritt auf Gorbatschows Karriereleiter. An diesem Tag wird er zum Ersten Sekretär des Regionskomitees Stawropol gewählt. Der Posten kann in etwa mit dem eines deutschen Ministerpräsidenten verglichen werden.

Bereits im Vorfeld lernt er den Generalsekretär des Zentralkomitees der KPdSU, Leonid Breschnew, in einem persönlichen Gespräch kennen. Die Männer unterhalten sich drei Stunden lang und scheinen sich gut zu verstehen. Damit wäre der Grundstein für eine weitere Zusammenarbeit gelegt.

Auf Gorbatschows erste Bitte um die Bewilligung von Viehfutter reagiert Breschnew mit einer Mischung aus Belustigung und Irritation. Schließlich bekommt die Region Stawropol dann aber ihr Futter und Michail Gorbatschow spürt nicht nur die Macht, die ihm auf einmal zur Verfügung steht, sondern vor allem auch die große Verantwortung, die fortan auf seinen Schultern lastet.

Das nächste Vorhaben von Gorbatschow gestaltet sich schon weitaus ambitionierter. Angesichts ständiger Missernten zeigt sich die Notwendigkeit eines Bewässerungskanals im Stawropoler Land immer klarer. Eine Fläche gigantischen Ausmaßes soll in Zukunft künstlich bewässert werden. Das setzt ein gewaltiges Bauvorhaben voraus, was wiederum das Einverständnis Breschnews erfordert.

Die Gelegenheit, den Generalsekretär diesbezüglich zu sprechen, bietet sich wieder rein zufällig bei der Fünfzigjahrfeier der UdSSR in Baku. Während einer kurzen Pause der Feierlichkeiten unterbreitet Gorbatschow Breschnew seinen Vorschlag und schon bald bekommt er eine Zusage für sein Projekt.

Ein Kanal von 480 Kilometern Länge ist geplant. Er soll genügend Wasser für mehrere Millionen

Hektar Ackerland liefern. Ein äußerst ehrgeiziges Vorhaben, das sich über mehrere Jahre zieht und zwischendurch auch mal Breschnews Unmut erweckt. Letztendlich gelingt der Bau jedoch und die landwirtschaftliche Situation im Stawropoler Land verbessert sich zusehends. Übrigens sehr zur Freude der Bevölkerung sowie zu der Breschnews und natürlich auch zu der Gorbatschows.

KGB-Chef Andropow

Michail Gorbatschow und Jurij Andropow lernen sich 1969 kennen. Gorbatschow ist zu dieser Zeit noch Zweiter Sekretär des Regionskomitees, Andropow bereits Leiter des russischen Geheimdienstes KGB. Ihre erste Begegnung findet während Andropows Urlaub im Stawropoler Ferienort Schelesnowodsk statt.

Von da an treffen sich die beiden Männer häufiger. Sie machen sogar zusammen Urlaub im Kreise ihrer Familien, gehen zusammen wandern und machen Ausflüge in die Berge. Ihre Liebe zur Natur ist dabei ein verbindendes Element. Sowohl Gorbatschow als auch der KGB-

Chef sitzen liebend gern um ein Lagerfeuer und beobachten die Sterne. Sie grillen zusammen Schaschlikspieße und führen lebhafte Gespräche.

Genau wie Gorbatschow ist auch Andropow ein großer Musikliebhaber. Vor allem die russische Musik der sechziger Jahre hat es dem KGB-Chef angetan. Er hört mit Vorliebe die Liedermacher Wyssozki und Wisbor. Bei einem ihrer Treffen kommt Andropow eine ungewöhnliche Idee. Wie wäre es mit einer Wette, möchte er von seinem Freund Michail wissen. Wer mehr Kosakenlieder kennt, gewinnt.

Gorbatschow ist einverstanden und der Wettstreit beginnt. Das Ergebnis fällt leider nicht zu seinen Gunsten aus, denn Andropow ist seinerzeit bei Terek-Kosaken groß geworden und entpuppt sich als wahrer Kenner dieses musikalischen Genres. Gorbatschow muss dementsprechend an diesem Abend eine Niederlage einstecken. Doch selbst als er die Wette an diesem Abend verliert, gewinnt er doch mit Andropow einen treuen Freund und einen wertvollen Verbündeten.

Der Ruf der Hauptstadt

Michail Gorbatschow liebt seine Heimat. Nicht nur die Steppe mit ihrer sommerlichen Blumenpracht und dem winterlichen Mantel aus Eis und Schnee ist ihm ans Herz gewachsen. Auch die Wälder, das Vorgebirge und die Berge des Stawropoler Lands sind für ihn wunderschön und unvergesslich.

Stawropol und seine Steppen sind für Michail Gorbatschow gleichzusetzen mit der Unendlichkeit.

Wie schwer muss ihm der erneute Abschied von seiner Heimat fallen, als ihn der Ruf aus Moskau erreicht?

Doch das ist nur die eine Seite. Das Ende einer Ära aller Unendlichkeit zum Trotz. Der Abschied von Altbekanntem und liebgewonnenen Gewohnheiten fällt wohl nie besonders leicht. Auch Gorbatschow nicht. Dem gegenüber steht jedoch die Rückkehr in die Hauptstadt ins Zentrum der Macht. Er möchte schließlich etwas verändern.

Eine aufregende Zeit bricht an, viele Veränderungen stehen bevor. Die Verwaltung einer Provinz unterscheidet sich allerdings sehr von den täglichen Aufgaben des Obersten Sowjets. Doch bis es soweit ist, soll Michail Gorbatschow erst einmal das Amt des Sekretärs für Landwirtschaft im Zentralkomitee und das eines Kandidaten des Politbüros der KPdSU in Moskau bekleiden.

Mit dem Umzug in die Hauptstadt verändert sich nicht nur das Klima – im Moskauer Winter sind damals minus vierzig Grad keine Seltenheit. Auch das Arbeitsumfeld Gorbatschows wird merklich anspruchsvoller. Allerdings kommen die höheren Aufgaben nicht ohne die einen oder anderen Privilegien. So beziehen Raissa und ihr Michail nicht nur eine schicke Wohnung im Moskauer »Adelsnest«, sie bekommen auch eine Datscha in Sosnowka, einem Dorf unweit der Hauptstadt.

Mit seinem späteren Aufstieg zum Mitglied des Politbüros wird den Gorbatschows eine neue Datscha zugeteilt. Sie liegt gleich neben der seines Freundes Jurij Andropow.

Da ist es nicht weiter verwunderlich, dass Michail die Idee kommt, seinen neuen Nachbarn zum Abendessen einzuladen.

Als Andropow die Einladung höflich, aber entschieden ablehnt, ist Gorbatschow erst einmal etwas irritiert. Doch Andropow erklärt ihm sogleich die Spielregeln in der Hauptstadt. Wenn sich Gorbatschow und Andropow privat treffen, gebe das nur Anlass zu Klatsch und möglicherweise sogar zu unangenehmen Gerüchten. Und das will der KGB-Chef lieber vermeiden.

Auch wenn Gorbatschow wohl erst einmal über die Absage seines Freundes enttäuscht ist, steckt in diesem Erlebnis doch eine wichtige Lektion für seine erfolgreiche politische Karriere: Gerüchte können den Tod eines Politikers bedeuten.

Opa Gorbatschow

Aus der Musterschülerin und Büchernärrin Irina Gorbatschowa ist inzwischen eine erwachsene Frau geworden. Sie ist verheiratet und kann genau wie ihr Mann ein abgeschlossenes Medizinstudium vorweisen. Ja, man kann Irina ohne Weiteres eine beispielhafte Tochter vorbildlicher Eltern nennen. Sie geht ihren Weg und genießt ihr Leben in vollen Zügen.

Dementsprechend groß ist auch die Freude, als Irina am 21. Januar 1980 ein kleines Töchterchen zur Welt bringt. Das Mädchen bekommt den schönen Namen Xenia und ist Michail Gorbatschows erste Enkelin. Sieben Jahre später folgt ihre Schwester Anastasija und schon ist Gorbatschow doppelter Großvater.

Aber nicht nur seine Enkelinnen sind dem Politiker wichtig, die ganze Familie liegt Gorbatschow sehr am Herzen.

Ja, er ist ein richtiger Familienmensch, auch wenn er die meiste Zeit seines Lebens im Politbüro, im Kreml oder anderweitig in Diensten der Partei und der Sowjetunion verbringt.

Mit seinem Karrieresprung in die Hauptstadt werden Reisen nach Stawropol zur Seltenheit. Raissas Eltern leben in Sibirien und damit noch weiter weg von Moskau. Da die Enkel auch ihre Urgroßeltern kennenlernen sollen, laden Raissa und Michail alle immer mal wieder auf ihre Datscha in der Nähe von Moskau ein.

Michail Gorbatschow mag einerseits mit seiner politischen Karriere mehr als ausgelastet sein, andererseits ist ihm keine Mühe zu groß, wenn es um die Familie geht. So ist es für ihn selbstverständlich, dass er sowohl seine Tochter und Enkeltöchter als auch seine Eltern und Schwiegereltern unterstützt, wo er nur kann. Dabei ist diese Art der familiären Unterstützung keineswegs eine Einbahnstraße.

Vor allem Irina und ihre Töchter helfen ihm immens, indem sie zu Hause für Frieden und gegenseitiges Verständnis sorgen.

Bei all den Streitereien im Politbüro und den Spannungen des Kalten Krieges ist der Frieden in den eigenen vier Wänden schlichtweg unbezahlbar.

Kanada

Bereits 1981 stattet der kanadische Landwirtschaftsminister Eugene Whelan der UdSSR einen Besuch ab. Eineinhalb Jahre später, im Mai 1983, folgt Michail Gorbatschow der Einladung der kanadischen Regierung und besucht das nordamerikanische Land.

Jurij Andropow, inzwischen Generalsekretär des Zentralkomitees der Kommunistischen Partei, stellt sich diesem Vorhaben zuerst entgegen, lässt sich aber schließlich von Gorbatschow überzeugen. Statt der geplanten zehn Tage gewährt er seinem Vertrauten allerdings nur bis zu sieben Tage in Kanada.

Der Staatsbesuch beginnt mit einem Gespräch mit dem damaligen Premierminister Pierre Trudeau. Es dauert seine Zeit, bis Gorbatschows Gastgeber auftaut. Doch dann finden sie immer besser ins Gespräch und freunden sich schnell an.

So erfreulich diese Entwicklung auch ist, gilt das Interesse Gorbatschows doch mehr dem Land als dessen Politikern.

Bei seiner Rundreise besichtigt er landwirtschaftliche Forschungseinrichtungen, Industrieanlagen und riesige Farmen. Außerdem erhält er eine äußerst wichtige Information zur kanadischen Landwirtschaft. So modern die Produktion in der westlichen Industrienation auch sein mag, sind die Bauern doch auf Subventionen angewiesen. Sie sichern schlussendlich ihr Überleben.

Mit dieser Problematik, aber auch mit einigen Ideen für den Agrarsektor im Hinterkopf kehrt Gorbatschow in die Sowjetunion zurück. Glaubt man Gorbatschows Kollegen, dem Botschafter der UdSSR in Kanada, Alexander Jakowlew, so kann man die Erlebnisse in Kanada rückblickend sogar als die Geburtsstunde der Perestroika betrachten.

Vor Gorbatschows Rückreise ereignet sich dann noch eine kuriose Geschichte. Nach einem Abendessen bei Landwirtschaftsminister Whelan verkündet Radio Kanada am nächsten Morgen irrtümlicherweise den Tod des russischen Gastes. Gorbatschow sei in der Nacht an den Folgen eines Herzanfalls gestorben. Die Meldung verbreitet sich natürlich rasant, wird aber auch umgehend korrigiert. In einem darauf folgenden Interview mit kanadischen Journalisten reagiert der russische Politiker souverän mit einem Zitat von Mark Twain:

»Die Gerüchte von meinem Tod sind leicht übertrieben«, sagt er und entschärft damit die doch sehr abstruse Situation.

Nachfolge

Bereits bei seiner Kanadareise wird Michail Gorbatschow von Journalisten auf die Möglichkeit angesprochen, der Nachfolger des in die Jahre gekommenen Generalsekretärs Andropow zu werden. Gorbatschow berichtet Andropow bei seiner Rückkehr nach Moskau sofort davon. Doch der Generalsekretär scheint längst Bescheid zu wissen und geht nicht weiter auf die Sache ein.

Im Sommer 1983 zeigt sich allerdings immer deutlicher, wie schlecht es um Jurij Andropows Gesundheit bestellt ist. Seine Nieren verweigern allmählich den Dienst und er muss schon bald mehrmals in der Woche zur Dialyse. Das Gerücht von Andropows bevorstehendem Tod macht so schnell die Runde.

Der Sommerurlaub des Generalsekretärs auf der Krim verhilft ihm zwar kurzfristig zu neuen Kräften, kann die Krankheit letztlich aber auch nicht stoppen. Eben telefonieren Michail und Jurij noch und der Generalsekretär klingt so lebensfroh wie lange nicht, ein paar Tage später muss er stationär im Moskauer Krankenhaus behandelt werden.

Die Sache scheint klar, Andropows Tod ist nur noch eine Frage der Zeit. Und das Tauziehen um die Macht beginnt. Gorbatschow ist nicht der Einzige, der den Generalsekretär in der Klinik besucht. Alles, was in der Partei Rang und Namen hat, erkundigt sich nach Andropows Gesundheitszustand und stattet ihm Besuche am Krankenbett ab.

Bei Gorbatschows letzter Begegnung mit seinem Freund sieht Andropow sehr schwach aus. Sie unterhalten sich in seinem Zimmer im Krankenhaus, aber Andropow fehlt einfach die Kraft. Am 9. Februar 1984 stirbt der Generalsekretär in Moskau. Allerdings nicht ohne vorher noch in einem Schreiben Michail Gorbatschow als seinen Nachfolger vorzuschlagen.

Letztlich wird Konstantin Tschernenko zu Andropows Nachfolger gewählt, doch wie seine Vorgänger befindet sich auch Tschernenko bereits im fortgeschrittenem Alter. Er wird das Amt nicht sehr lange bekleiden. Tschernenko stirbt am 11. März 1985.

Sein Nachfolger wird Michail Gorbatschow. Damals ist er gerade einmal vierundfünfzig Jahre alt und so ein außergewöhnlich junger Generalsekretär. Damit geht Andropows Wunsch mit leichter Verzögerung doch noch in Erfüllung und die Zeit der Reformen in der UdSSR beginnt.

Neue Wege

Es ist schon ein beispielloser Aufstieg, den Michail Gorbatschow in der sowjetischen Politik aufs Parkett legt. Eine wahre Blitzkarriere.

Seine Enkelin Xenia gratuliert ihm mit einem Brief zu seinem neuen Amt. Darin wünscht sie Glück, Gesundheit und dass er seinen »Brei ordentlich isst«. Und sie hätte die Situation kaum besser beschreiben können. Denn Gorbatschow ist sich darüber im Klaren, was er sich da eingebrockt hat. Das sowjetische System liegt quasi genauso im Sterben wie die Riege alter Herren, die es in den vergangenen Jahren beherrscht haben. Reformen sind dringend nötig. Es ist an Generalsekretär Gorbatschow, die Sache anzupacken, er muss die Suppe auslöffeln.

Seine Reise nach Kanada und die dort gewonnenen Erkenntnisse, aber vor allem auch ein Staatsbesuch in Italien und seine Reise nach London im Vorjahr kommen ihm für diese Zwecke sehr gelegen. In den westlichen Ländern kann er ein wenig andere Luft schnuppern. Dort kommen ihm Einfälle und Ideen, die sein Land weg von der harten Knute des Sozialismus und weg von der Planwirtschaft hin zu einem marktgesteuerten Wirtschaftssystem und neuen Freiheiten führen sollen.

Eine seiner ersten Amtshandlungen ist die sogenannte Perestroika. Sie schließt eine Reihe von Maßnahmen mit ein, die der Sowjetunion zu neuer Größe verhelfen sollen. Fortan wolle man sich auf eine schnellere Entwicklung der Sozialwirtschaft, eine Verbesserung des täglichen Lebens, technischen Fortschritt und vor allem auch auf die Entwicklung demokratischer Strukturen konzentrieren, so Gorbatschow in seiner Antrittsrede.

Der neue Kreml-Chef macht sich mit seiner liberalen Politik anfänglich beim Volk sehr beliebt.

Er wirkt nahbar, hört den Menschen zu und stets ist da diese charmante First Lady an seiner Seite. Doch nicht nur das russische Volk ist begeistert von Raissa Gorbatschowa: Auch bei Staatsbesuchen beeindruckt die promovierte Soziologin durch ihren Scharfsinn und ihr stilsicheres Auftreten.

Das gab es bis dahin nicht. Ein Kreml-Chef, der Seite an Seite mit seiner Frau auftritt. Ja, dieser Gorbatschow meint es ernst mit seinen neuen Wegen und er ist fest entschlossen, sie bis zum Ende zu beschreiten.

Dinosaurier und Betonkommunist

So wichtig die Perestroika und die damit einhergehende wirtschaftliche Umstrukturierung der Sowjetunion sind, Gorbatschow belässt es nicht allein bei der Innenpolitik. Zur Zeit seiner Wahl zum Generalsekretär befindet sich die Welt nach wie vor im stahlharten Würgegriff des Kalten Krieges. Jahrzehntelanges Wettrüsten und eine Atmosphäre der Angst vor dem atomaren Overkill beherrschen die Erde schon lange. Zu lange.

Diese Atmosphäre der Angst schneidet Gorbatschow bereits im Dezember 1984 bei seinem Besuch in London an und kann damit sehr wichtige Beziehungen zur Eisernen Lady Margaret Thatcher knüpfen. Sie ist zu Anfang ihres Gesprächs zwar ganz und gar nicht von dem Kommunisten angetan, der ihr da gegenübersitzt. Gorbatschow gelingt es jedoch, Thatcher dank gewitzter Diplomatie für sich zu gewinnen. Zentrum der Gespräche sind vor allem auch die nuklearen Arsenale. Die gegenseitige Sympathie ermöglicht einen vernünftigen Dialog, der bislang verhärtete Fronten geschickt überwindet.

Was in London seinen Anfang nimmt, setzt Gorbatschow ein Jahr später in Genf fort. Bei der Genfer Gipfelkonferenz im November 1985 heißt sein Gegenüber nicht Margaret Thatcher, sondern Ronald Reagan. Die Gespräche beginnen ähnlich frostig wie die mit der britischen Premierministerin. Im Gegensatz zu ihr scheint der amerikanische Präsident auch lange immun gegen Gorbatschows raffinierten Charme. Kaum kann der Generalsekretär der Eisernen Lady ein Lächeln abringen, gerät er mit Reagan in regelrechten Streit. Sie werfen sich gegenseitig Beschuldigungen an den Kopf und lange Zeit sieht es so aus, als wären zwischen der Sowjetunion und den USA keine Annäherungen möglich.

Gorbatschow bezeichnet den erzkonservativen Reagan als »Dinosaurier«. Dem steht der amerikanische Präsident nicht nach und betitelt Gorbatschow angeblich als »Betonkommunist«.

Je länger die Gespräche dauern, desto mehr nähern sich die beiden einander an. Nach und nach werden sie sich in den wichtigsten Punkten einig und so unterzeichnen sie am 21. November 1985 eine äußerst wichtige Erklärung. Darin bekennen sich die zwei Supermächte ganz klar dazu, dass ein Atomkrieg um jeden Preis verhindert werden muss.

Dem folgt paradoxerweise eine längere Phase des Kräftemessens. Die USA schicken Kampfjets in Richtung Krim und führen einen Atombombentest in Nevada durch. Doch die Gespräche können mit viel Einsatz aufrechterhalten werden und sind letztlich mit Erfolg gesegnet.

Am 8. Dezember 1987 unterzeichnen Reagan und Gorbatschow den Washingtoner Vertrag über nukleare Mittelstreckensysteme, ein monumentales Abkommen, in dem sich ihre Nationen dazu verpflichten, sämtliche »landgestützten nuklearen Mittelstreckenwaffen« abzuschaffen. Es ist ein historischer Moment und ein großer Durchbruch, der letztlich nicht nur zum Ende des Kalten Krieges beitragen soll.

Besuch in Deutschland

Die Verträge zur nuklearen Abrüstung sind ein unglaublich wichtiger Schritt für den Annäherungsprozess zwischen Ost und West. Doch sie sind hauptsächlich militärischer Natur. Genauso wichtig sind sicherlich Gorbatschows gesellschaftliche Bemühungen. Dazu gehört auch sein erster Besuch der Bundesrepublik Deutschland im Jahr 1989.

Öffentliche Auftritte in Bonn, Stuttgart und Düsseldorf zeigen deutlich, wie beliebt der Oberste Sowjet und seine offene Politik unter den Deutschen ist. Innenpolitisch mag es zu diesem Zeitpunkt nicht gerade optimal für ihn laufen, die Außenpolitik avanciert jedoch immer mehr zu Gorbatschows Paradedisziplin.

Bei seinen öffentlichen Auftritten in der Bundesrepublik skandieren die Menschen lauthals seinen Namen. Tausende säumen die Straßen und Plätze. Sie jubeln ihm zu, sehen in Gorbatschow einen großen Hoffnungsträger, der die überfällige Wende herbeiführen wird.

Kurze Zeit später stattet Michail Gorbatschow der DDR einen Besuch ab. Auch dort empfangen ihn die Bürger mit Begeisterung. Eigentlich ist er aufgrund des 40. Jahrestags der Republik in die DDR gereist.

Doch bei einem Gespräch auf der Straße in Ostberlin spricht er einen Satz aus, der dem ohnehin schon wackligen DDR-Regime heftig zusetzt. Seine Äußerung über jene, »die nicht auf das Leben reagieren«, wird im Nachhinein gerne als Warnung an Erich Honecker zitiert. Bei den anschließenden Feierlichkeiten jubelt niemand dem Generalsekretär der SED zu. Dafür hallen lautstark Gorbi-Rufe durch Ostberlin.

Für den westdeutschen Bundeskanzler Helmut Kohl hegt Michail Gorbatschow sichtlich mehr Sympathien als für Honecker. Die beiden freunden sich miteinander an und thematisieren schnell die Problematik des gespaltenen Deutschlands.

Bei einem späteren Treffen im Kaukasus regeln die beiden Politiker in ganz ungezwungener Atmosphäre die Details der deutschen Wiedervereinigung. Der Rest ist Geschichte.

Glasnost

Ebenso wichtig wie die Perestroika , ja, kaum
von ihr loszulösen, ist sicherlich Gorbatschows
Glasnost. Lange ist die Sowjetunion gekenn-
zeichnet von Pressezensur und radikaler Unterdrückung kritischen Gedankenguts. Jegliche
Information, egal ob Fernsehen oder Zeitung,
sowie jede Form von Kunst, von Literatur bis
Musik, wird von der Kommunistischen Partei
kontrolliert und gelenkt. Kritische Schriften lan-
den ebenso auf dem Index wie Filme, die sich
mit der Unterdrückung und dem in der UdSSR
allgemein weit verbreiteten Unrecht auseinan-
dersetzen.

Gorbatschows Glasnost setzt der staatlichen Zen-
sur ein Ende und ermöglicht damit nicht nur die
Rückkehr verbotener Bücher und Filme. Zum
ersten Mal seit langer Zeit bekommt die sowjetische Bevölkerung einen Vorgeschmack auf das
hohe Gut der Meinungsfreiheit. Reisefreiheiten
werden erweitert und die sowjetische Wirtschaft
wird für Investoren aus dem Ausland geöffnet.
Was in westlichen Demokratien selbstverständ-

lich und kaum erwähnenswert scheint, ist in der Sowjetunion über Jahrzehnte undenkbar. Damit stellt die Glasnost nicht nur eine wichtige Erweiterung persönlicher Freiheiten dar. Zusammen mit der Perestroika markiert sie einen klaren Wendepunkt in der Geschichte der UdSSR.

Dank dieser Maßnahme aus Gorbatschows Feder können nicht nur Filme wie *Die Reue* von Tengis Abuladse endlich im Kino gezeigt werden. Auch die Werke lange geächteter Historiker und Schriftsteller wie Kostomarow oder Karamsin finden so endlich wieder ihren Weg in die Buchhandlungen und Bibliotheken.

Das Gleiche gilt für russische Exilautoren wie Nabokov, Mereschowskij oder Bunin. Viele Exilanten kehren dank der Glasnost ebenfalls wieder in ihre russische Heimat zurück. Unter ihnen sind auch Philosophen wie Fjodorow oder Berdjajew.

Kurzum: Durch Gorbatschows Glasnost kommt ein neuer liberaler Wind in die Sowjetunion und das nicht nur in intellektuellen Zirkeln, sondern quer durch die gesamte Bevölkerung.

Der Vorhang fällt

Perestroika, Glasnost, die deutsche Wiedervereinigung – diese drei Begriffe hängen untrennbar zusammen. Und sie sind nur der Anfang eines noch viel größeren Prozesses.

In seiner Funktion als Kreml-Chef setzt sich Gorbatschow für die Völker der Sowjetunion und die Verbesserung ihrer Lebensumstände ein.

Gorbatschow geht es um das Wohl seiner Heimat und das der Union. Dafür will er seinem Volk eine neue Freiheit anbieten.

Indem er diesem Rechte zuspricht und eigene Machtbefugnisse als Oberster Sowjet abtritt, zeigt er, dass es ihm nicht zwangsläufig um die Sicherung seine persönlichen Macht geht.

Er ist zweifelsohne der bedeutendste Reformer, den die sowjetische Welt je erlebt hat. In seiner Amtszeit als Kreml-Chef treibt er die Demokratisierung der Sowjetunion voran und räumt den Sowjetrepubliken immer mehr Unabhängigkeit ein.

Das Ergebnis dieser Entwicklung ist das Ende des Warschauer Pakts. Polen, Tschechien, die Slowakei, Ungarn, Rumänien und Bulgarien treten nach und nach aus dem Militärbündnis des Ostens aus und schließen sich der NATO an. Gorbatschow tut zwar alles in seiner Macht Stehende, um das Auseinanderbrechen der UdSSR zu verhindern und die Sowjetunion am Leben zu erhalten. Doch die Dynamiken der 1990er Jahre sind einfach zu stark.

Im März 1990 wird er zwar noch zum Staatspräsidenten der Sowjetunion gewählt. Seine Präsidentschaft hält allerdings gerade einmal siebzehn Monate. Einerseits macht sein Parteikollege Boris Jelzin ihm das Leben schwer. Andererseits kommt es im August 1991 zu einem Putschversuch, bei dem Michail Gorbatschow und seine Familie drei Tage lange in seiner Datscha auf der Krim eingesperrt werden.

Die Forderung der Putschisten ist deutlich: In seiner Funktion als Unionspräsident soll er den Notstand ausrufen. Außerdem wollen sie, dass Gorbatschow entweder zurücktritt oder seine Befugnisse als Präsident auf den Vizepräsidenten Janajew, ebenfalls ein Putschist gegen Gorbatschow, weitergibt. In Moskau hält währenddessen das Militär Einzug und Panzer rollen über den Roten Platz.

Die Putschisten können sich jedoch nicht durchsetzen und werden allesamt verhaftet. Gorbatschow und seine Familie fliegen zurück in die Hauptstadt. Dort findet er eine vollkommen veränderte Situation vor. Der erstarkte Boris Jelzin setzt das Kräftemessen weiter fort, um einiges erfolgreicher als Gorbatschow, der bei allem Ansehen, das er im Ausland genießt, nun doch einsehen muss, dass er auf verlorenem Posten kämpft.

Als logische Folge des Augustputsches in Moskau verbietet Boris Jelzin, seit Juli 1991 Präsident der RSFSR, der größten Teilrepublik der Sowjetunion, in einem Dekret die Tätigkeit der Kommunistischen Partei auf russischem Boden. Diese Machtdemonstration Jelzins gegenüber Gorbatschow beschleunigt den Abspaltungsprozess der übrigen Republiken. Die ganze Welt kann dabei zu sehen, wie sich die Entmachtung des Zentralstaates zu Gunsten der Teilrepubliken manifestiert. Am 8. Dezember 1991 besiegelt Jelzin das Schicksal der Sowjetunion endgültig und unterschreibt gemein-

sam mit dem weißrussischen und dem ukraini-
schen Präsidenten ein Dokument, das die UdSSR
für aufgelöst erklärt. Mit der Sowjetunion fällt
auch endgültig der Eiserne Vorhang.

Michail Gorbatschow zieht seinerseits die Konsequenzen und erfüllt, nachdem seine Partei für ille-
gal erklärt wurde, die Forderung der Putschisten.
Das Land, in dem er Präsident war, existiert nicht
mehr. Am 25. Dezember 1991 tritt er von seinem
Präsidentenamt zurück und beendet damit bis auf
Weiteres seine politische Karriere.

Nobelpreis

In seiner Heimat Russland ist Michail Gorbatschow trotz all seiner Verdienste heute nicht
mehr sonderlich beliebt. Man macht ihn gerne für
den Niedergang der Sowjetunion verantwortlich.
Dabei ist er derjenige, der einem ohnehin im Sterben liegenden System noch entsprechende Thera-
piemaßnahmen zukommen ließ.

International bekommt er dafür auch höchste An-
erkennung und erhält für seinen vorbildlichen

Einsatz im Dienste des Weltfriedens unter anderem 1990 den Friedensnobelpreis. Diese Auszeichnung verdankt er insbesondere seiner liberalen Innenpolitik, aber auch seiner offenen Haltung und Gesprächsbereitschaft gegenüber dem Westen, der Distanzierung von der Sowjetunion als militärischer Großmacht und natürlich der Bereitschaft zur nuklearen Abrüstung.

Gewiss unterstreicht der Nobelpreis noch einmal, wie wichtig die Perestroika nicht nur für Russland, sondern auch für das Ende des Kalten Krieges und damit für die ganze Welt sei, so Gorbatschow in seiner ersten Reaktion. Er sei zutiefst gerührt von dem Preis und möchte dies auch öffentlich zeigen.

Es folgen weitere Preise wie der Four Freedoms Award im selben Jahr, der Verdienstorden der Bundesrepublik Deutschland oder auch der Augsburger Friedenspreis, um nur ein paar zu nennen.

So beliebt Gorbatschow mit all seinen Auszeichnungen im Ausland sein mag, so verrufen ist er bis heute noch bei vielen Russen. Ja, selbst Stalin erfreut sich posthum größerer Beliebtheit in Russ-

land als Michail Gorbatschow – eine Realitätsver-
weigerung?

Zugegeben, Gorbatschow schätzte die Identifika-
tion der Sowjet-Bürger mit der UdSSR höher ein,
als sie tatsächlich war. Glasnost setzte viele bislang unterdrückte nationale Gefühle wieder frei.
Völker, die eine eigene Sprache und Religion hat-
ten, begannen so zusehends, nach Unabhängigkeit
zu streben. Zudem hinderte sein einstiger Günst-
ling Jelzin ihn daran, an seinem ursprünglichen
Reformkurs festzuhalten. Jener nutzte die neuen
Freiheiten der Sowjetunion für sich, um eigene
Machtbefugnisse einzufordern. Gorbatschow wird
neben dem Populisten und Machtmenschen Jelzin, der den Menschen alles versprach, was sie
sich wünschten, zu einer negativen Projektions-
fläche für die Missstände im ganzen Land.

Ja, Gorbatschow mag sich verschätzt haben. Er
mag vielen Russen schmerzlich als nahezu ohn-
mächtiger Kreml-Chef in Erinnerung bleiben, der
die Sowjetunion auf dem Gewissen hat. Die Zeit
arbeitet aber für ihn. Immer mehr erkennen, was
damals auf dem Spiel stand, und sehen in ihm je-
manden, der Respekt verdient hat. Für seine Aus-

zeichnungen. Dafür, dass er einem totalitären Regime ein Ende bereitet hat. Und zuletzt dafür, dass er der erste Kremlchef war, der für sein Volk da war, ihm zuhörte, und der ganzen Welt einen neuen Weg für mehr Offenheit und Transparenz aufzeigte.

Grünes Kreuz

In seiner Heimat mag Michail Gorbatschow nach seinem Rücktritt zum alten Eisen gehören – zumindest im politischen Sinne.

Alt ist der damals Sechzigjährige jedoch noch lange nicht. In ihm steckt noch jede Menge Energie, Tatendrang und eine gehörige Portion Idealismus.

Dies zeigt sich einmal mehr während des Weltforums 1992 in Rio de Janeiro. Bei dieser internationalen Versammlung erhält er das Angebot zur Gründung einer Umweltschutzorganisation.

Als bekennender Naturliebhaber muss Gorbatschow nicht lange darüber nachdenken und sagt sofort zu.

Bereits im folgenden Jahr gründet der ehemalige sowjetische Präsident in Kyoto das Internationale Grüne Kreuz und übernimmt damit auch gleich die Präsidentschaft für die Organisation. Seitdem sind Umweltschutz und Fragen weltweiter Ökologie fester Bestandteil seiner Tagesordnung. Schon als Präsident der Sowjetunion und als Generalsekretär der KPdSU spielt für ihn das Wohl der Menschen eine zentrale Rolle. In seiner Funktion als Umweltschützer führt er diesen Auftrag fort. Denn Michail Gorbatschow ist überzeugt, dass der Schutz unseres Lebensraums an erster Stelle stehen sollte. Sowohl im Hinblick auf die Gegenwart als auch im Sinne zukünftiger Generationen.

Der große Reformer zeigt sich damit durchaus als konservativer Bewahrer. Auch wenn er kein politisches Amt mehr bekleidet, könnte er doch für immer Präsident bleiben. Denn sein Amt als Gründungspräsident des Grünen Kreuzes gilt, so lange er lebt.

Leider kommt es jedoch 2016 zu größeren Problemen bei der Umweltorganisation und Michail Gorbatschow tritt aufgrund »interne[r] Querelen« von seinem Amt zurück.

Abschied

Politisch hat Michail Gorbatschow nun wirklich alles erlebt. Er arbeitet sich in kurzer Zeit von der Regionalpolitik in seiner Heimatprovinz Stawropol bis in den Kreml hoch. Ja, er wird sogar Generalsekretär und Präsident der Sowjetunion. Innen- wie außenpolitisch stellt er sich wahren Herkulesaufgaben. Manche von ihnen mögen schier unlösbar erscheinen, doch das hält Michail Gorbatschow nicht davon ab, sie anzugehen – und er meistert sie nahezu alle.

Die wohl schwierigste Prüfung seines Lebens stellt sich ihm jedoch nicht im politischen Ring, sondern erst später im privaten Bereich seiner Familie.

Wir schreiben das Jahr 1999. Raissa und Michail kehren gerade von einer Australienreise zurück. Die Eindrücke sind noch frisch, die Bilder von Kängurus und Koalabären noch lebhaft vor Augen, als Raissa die Schockdiagnose Leukämie erhält. Sofort kontaktiert Michail den amerikanischen Präsidenten Bill Clinton und den deutschen

Bundeskanzler Gerhard Schröder. Beide sagen den Gorbatschows umgehend ihre Unterstützung zu. Aufgrund der kürzeren Distanz entscheiden sich Raissa und Michail für Deutschland und machen sich sofort auf den Weg.

In der onkologischen Abteilung des Uniklinikums Münster werden die entscheidenden Untersuchungen durchgeführt, damit bald darauf auch schon die Chemotherapie beginnen kann. Ausgerechnet seine Raissa, die sich immer so aufopfernd um das Wohl krebskranker Kinder kümmerte, liegt nun selbst mit Blutkrebs im Krankenhaus.

Michail und Irina verbringen jede freie Sekunde bei Raissa. Sie führen lange Gespräche und versuchen, der kranken Frau die Zeit in der Spezialklinik so angenehm wie möglich zu gestalten.

Die Familie und auch die Ärzte glauben an eine mögliche Genesung und machen ihr Hoffnung. Nur Raissa scheint von Tag zu Tag schwächer zu werden. Eine Knochenmarkstransplantation scheint vielversprechend. Mit Raissas Schwester Ljudmila ist auch schnell die perfekte Spenderin gefunden.

Doch Raissa will nach Hause. Sie ist müde und ist der Klinik, den Untersuchungen und Behandlungen mehr als überdrüssig. Michail überzeugt sie, zu bleiben. Die Stammzellenbehandlung wird ihr helfen, hofft er.

Doch die Hoffnung wird enttäuscht. Zwei Tage vor der geplanten Transplantation, am 20. September 1999, schließt seine geliebte Raissa für immer die Augen. Fünf Tage vor ihrem 46. Hochzeitstag. Michail und Irina stehen machtlos neben der Sterbenden. Sie können nichts mehr für sie tun. Ihnen bleiben nur die Tränen. Und die Erinnerung.

Alte Briefe

Michail Gorbatschow ist nicht nur Staatsmann und Jahrhundertpolitiker. Der ehemalige russische Präsident ist auch leidenschaftlicher Verehrer der Kunst. Er liebt die Literatur, vor allem aber auch die Musik. Seine Mutter Maria war eine gute Sängerin. Daran erinnert sich Michail bis heute. Und auch er singt bereits zu Schulzeiten in diversen Chören. Er hört mit Vorliebe die Kompositionen von Pjotr Tschaikowski und Sergei Rachmaninow. Auch die deutschen Komponisten haben es Gorbatschow angetan.

»Ich liebe sie«, erzählt er in einem Interview.

Am meisten jedoch liebt Michail seine Raissa. Sie ist das Licht seines Lebens. Auch jetzt noch, so viele Jahre nach ihrem tragischen Krebstod. Aus diesem Grund nimmt er 2009 auch eine CD mit dem Titel »Lieder für Raissa« auf. Sieben romantische Titel singt der Witwer auf dieser Scheibe für seine geliebte Frau und stellt vor allem mit dem russischen Klassiker »Alte Briefe« eindrucksvoll unter Beweis, was für ein Gesangstalent in seiner Brust steckt.

Die CD soll allerdings nicht im Musikhandel erscheinen. Sie ist lediglich gegen Spenden erhältlich. Übrigens wird Michail Gorbatschow 2004 mit einem Grammy für sein Talent belohnt. Jedoch nicht, wie man jetzt meinen könnte, für seine tolle Gesangsstimme, sondern vielmehr als Vorleser des Hörspiels Peter und der Wolf.

Inzwischen sind seit Raissas Tod fast einundzwanzig Jahre vergangen. Seitdem lebt Michail

Gorbatschow allein. Seine Tochter Irina und seine Enkelinnen Xenia und Anastasija stehen ihm zur Seite, wo sie nur können. Sie kennen und schätzen ihn als liebevollen Vater und Großvater. Und er erwidert ihre Liebe.

Ja, es gibt viel, was man über Michail Gorbatschow sagen kann. Es gibt vieles, das er liebt. Vor allem aber liebt er seine Frau. Daran hat sich seit ihrem Tod nichts geändert. Michail liebt seine Raissa. Und das wird wohl immer so bleiben.

Quellen

Vorwort

Lozo, Ignaz: »ZDF-History: Michail Gorbatschow – der Weltveränderer«, Deutschland 2016, unter: https://youtu.be/Hq6t3cQAC3Y (Stand: 06.03.2017, aufgerufen am: 28.07.2020).

Gorbatschow, Michail: Alles zu seiner Zeit. Mein Leben, 1. Auflage. Hoffmann und Campe, Hamburg 2013.

»Michail Sergejewitsch Gorbatschow«, unter: https://de.wikipedia.org/wiki/Michail_Sergejewitsch_Gorbatschow#Ehrungen_und_Auszeichnungen (Stand: 30.06.2020, aufgerufen am: 28.07.2020).

Die Sache mit dem Namen

Gorbatschow, Michail: Alles zu seiner Zeit. Mein Leben, 1. Auflage. Hoffmann und Campe, Hamburg 2013, S. 30 f.

Lozo, Ignaz: »ZDF-History: Michail Gorbatschow – der Weltveränderer«, Deutschland 2016, unter: https://youtu.be/Hq6t3cQAC3Y (Stand: 06.03.2017, aufgerufen am: 26.07.2020).

»Michail Sergejewitsch Gorbatschow«, unter: https://de.wikipedia.org/wiki/Michail_Sergejewitsch_Gorbatschow#Ehrungen_und_Auszeichnungen (Stand: 30.06.2020, aufgerufen am: 26.07.2020).

Ein Schatz

Gorbatschow, Michail: Alles zu seiner Zeit. Mein Leben, 1. Auflage. Hoffmann und Campe, Hamburg 2013, S. 31.

Die ersten Reisen

Gorbatschow, Michail: Alles zu seiner Zeit. Mein Leben, 1. Auflage. Hoffmann und Campe, Hamburg 2013, S. 34.

Krieg

Gorbatschow, Michail: Alles zu seiner Zeit. Mein Leben, 1. Auflage. Hoffmann und Campe, Hamburg 2013, S.36 ff.

Lozo, Ignaz: »ZDF-History: Michail Gorbatschow – der Weltveränderer«, Deutschland 2016, unter: https://youtu.be/Hq6t3cQAC3Y *(Stand: 06.03.2017, aufgerufen am: 26.07.2020).*

Briefe post mortem

Gorbatschow, Michail: Alles zu seiner Zeit. Mein Leben, 1. Auflage. Hoffmann und Campe, Hamburg 2013, S. 43 f.

Zurück an die Schulbank

Gorbatschow, Michail: Alles zu seiner Zeit. Mein Leben, 1. Auflage. Hoffmann und Campe, Hamburg 2013, S. 46 ff.

Wiedersehen

Gorbatschow, Michail: Alles zu seiner Zeit. Mein Leben, 1. Auflage. Hoffmann und Campe, Hamburg 2013, S. 47 ff.

Lozo, Ignaz: »ZDF-History: Michail Gorbatschow – der Weltveränderer«, Deutschland 2016, unter: https://youtu. be/Hq6t3cQAC3Y *(Stand: 06.03.2017, aufgerufen am: 26.07.2020).*

Auszeichnung

Gorbatschow, Michail: Alles zu seiner Zeit. Mein Leben, 1. Auflage. Hoffmann und Campe, Hamburg 2013, S.51 f.

Lozo, Ignaz: »ZDF-History: Michail Gorbatschow – der Weltveränderer«, Deutschland 2016, unter: https://youtu. be/Hq6t3cQAC3Y *(Stand: 06.03.2017, aufgerufen am: 26.07.2020).*

Schwarzfahrer

Gorbatschow, Michail: Alles zu seiner Zeit. Mein Leben, 1. Auflage. Hoffmann und Campe, Hamburg 2013, S.55 ff.

Lozo, Ignaz: »ZDF-History: Michail Gorbatschow – der Weltveränderer«, Deutschland 2016, unter: https://youtu. be/Hq6t3cQAC3Y *(Stand: 06.03.2017, aufgerufen am: 26.07.2020).*

»Michail Gorbatschow – ein Jahrhundertpolitiker«, unter: https://www.mdr.de/zeitreise/michail-gorbatschow-lebenslauf-glasnost-perestroika-reformen-100.html *(Stand: 04.11.2019, aufgerufen am: 27.07.2020).*

Ceterum censeo …

Gorbatschow, Michail: Alles zu seiner Zeit. Mein Leben, 1. Auflage. Hoffmann und Campe, Hamburg 2013, S. 63.

Keine Diskussion

Gorbatschow, Michail: Alles zu seiner Zeit. Mein Leben, 1. Auflage. Hoffmann und Campe, Hamburg 2013, S.64 f., 70 f.

Per Sie mit der großen Liebe

Gorbatschow, Michail: Alles zu seiner Zeit. Mein Leben, 1. Auflage. Hoffmann und Campe, Hamburg 2013, S. 79 ff.

(SL): »Raissa Gorbatschowa – First Lady der Sowjetunion«, unter: https://www.mdr.de/zeitreise/ raissa-gorbatschowa-biografie-100.html *(Stand: 13.03.2019, aufgerufen am: 27.07.2020).*

»Michail Gorbatschow – ein Jahrhundertpolitiker«, unter: https://www.mdr.de/zeitreise/michail-gorbatschow-lebenslauf-glasnost-perestroika-reformen-100.html *(Stand: 04.11.2019, aufgerufen am: 27.07.2020).*

Lozo, Ignaz: »ZDF-History: Michail Gorbatschow – der Weltveränderer«, Deutschland 2016, unter: https://youtu. be/Hq6t3cQAC3Y *(Stand: 06.03.2017, aufgerufen am: 27.07.2020).*

Der erste Kuss

Gorbatschow, Michail: Alles zu seiner Zeit. Mein Leben, 1. Auflage. Hoffmann und Campe, Hamburg 2013, S.214 f.

»Gorbatschow erinnert in neuem Buch an Frau Raissa«, unter: https://www.shz.de/deutschland-welt/ medien/gorbatschow-erinnert-in-neuem-buch-an-frau-raissa-id3395.html *(Stand: 11.03.2013, aufgerufen am: 27.07.2020).*

Zonenleben

Gorbatschow, Michail: Alles zu seiner Zeit. Mein Leben, 1. Auflage. Hoffmann und Campe, Hamburg 2013, S. 76; S. 85 ff.

»Michail Gorbatschow – ein Jahrhundertpolitiker«, unter: https://www.mdr.de/zeitreise/michail-gorbatschow-lebenslauf-glasnost-perestroika-reformen-100.html *(Stand: 04.11.2019, aufgerufen am: 27.07.2020).*

Sekt und Stoli

Gorbatschow, Michail: Alles zu seiner Zeit. Mein Leben, 1. Auflage. Hoffmann und Campe, Hamburg 2013, S.85 f.

Ein Kind kommt zur Welt

Gorbatschow, Michail: Alles zu seiner Zeit. Mein Leben, 1. Auflage. Hoffmann und Campe, Hamburg 2013, S.88 f., 117 f.

»5. Januar 1932 – Raissa Gorbatschowa wird geboren«, unter: https://www1.wdr.de/stichtag/stichtag6280.html *(Stand: 05.01.2012, aufgerufen am: 27.07.2020).*

Staatsanwalt Gorbatschow

Gorbatschow, Michail: Alles zu seiner Zeit. Mein Leben, 1. Auflage. Hoffmann und Campe, Hamburg 2013, S. 93 ff.

(iz) © Stiftung Haus der Geschichte der Bundesrepublik Deutschland: »Michail Gorbatschow geb. 1931«, unter: https://www.hdg.de/lemo/biografie/michail-gorbatschow.html *(Stand: 18.08.2016, aufgerufen am: 27.07.2020).*

Lozo, Ignaz: »ZDF-History: Michail Gorbatschow – der Weltveränderer«, Deutschland 2016, unter: https://youtu.be/Hq6t3cQAC3Y *(Stand: 06.03.2017, aufgerufen am: 26.07.2020).*

Ein schlaues Mädchen

Gorbatschow, Michail: Alles zu seiner Zeit. Mein Leben, 1. Auflage. Hoffmann und Campe, Hamburg 2013, S. 144.

Vowinkel, Heike und Monika Hohlmeier: »Nicht ohne meinen Vater«, unter: https://www.welt.de/print-wams/article603853/Nicht-ohne-meinen-Vater.html *(Stand: 26.05.2002, aufgerufen am: 27.07.2020).*

Promotion und Pelmeni

Gorbatschow, Michail: Alles zu seiner Zeit. Mein Leben, 1. Auflage. Hoffmann und Campe, Hamburg 2013, S. 151 ff.

(SL): »Raissa Gorbatschowa – First Lady der Sowjetunion«, unter: https://www.mdr.de/zeitreise/raissa-gorbatschowa-biografie-100.html *(Stand: 13.03.2019, aufgerufen am: 27.07.2020).*

»Raissa Gorbatschowa«, unter: https://de.wikipedia.org/wiki/Raissa_Maximowna_Gorbatschowa *(Stand: 12.05.2020, aufgerufen am: 27.07.2020).*

Große Pläne

Gorbatschow, Michail: Alles zu seiner Zeit. Mein Leben, 1. Auflage. Hoffmann und Campe, Hamburg 2013, S. 161 ff.

KGB-Chef Andropow

Gorbatschow, Michail: Alles zu seiner Zeit. Mein Leben, 1. Auflage. Hoffmann und Campe, Hamburg 2013, S. 184 ff.

Der Ruf der Hauptstadt

Gorbatschow, Michail: Alles zu seiner Zeit. Mein Leben, 1. Auflage. Hoffmann und Campe, Hamburg 2013, S. 229 ff.

»Michail Sergejewitsch Gorbatschow«, unter: <u>https://de.wikipedia.org/wiki/Michail_Sergejewitsch_Gorbatschow#Ehrungen_und_Auszeichnungen</u> *(Stand: 30.06.2020, aufgerufen am: 27.07.2020).*

Opa Gorbatschow

Gorbatschow, Michail: Alles zu seiner Zeit. Mein Leben, 1. Auflage. Hoffmann und Campe, Hamburg 2013, S. 302 f.

Vowinkel, Heike und Monika Hohlmeier: »Nicht ohne meinen Vater«, unter: <u>https://www.welt.de/print-wams/article603853/Nicht-ohne-meinen-Vater.html</u> *(Stand: 26.05.2002, aufgerufen am: 28.07.2020).*

Kanada

Gorbatschow, Michail: Alles zu seiner Zeit. Mein Leben, 1. Auflage. Hoffmann und Campe, Hamburg 2013, S. 297 ff.

»Eugene Whelan«, unter: <u>https://en.wikipedia.org/wiki/Eugene_Whelan</u> *(Stand: 07.06.2020, aufgerufen am: 27.07.2020).*

Nachfolge

Gorbatschow, Michail: Alles zu seiner Zeit. Mein Leben, 1. Auflage. Hoffmann und Campe, Hamburg 2013, S. 304 ff.

(iz) © Stiftung Haus der Geschichte der Bundesrepublik Deutschland: »Michail Gorbatschow geb. 1931«, unter: <u>https://www.hdg.de/lemo/biografie/michail-gorbatschow.html</u> *(Stand: 18.08.2016, aufgerufen am: 27.07.2020).*

Lozo, Ignaz: »ZDF-History: Michail Gorbatschow – der Weltveränderer«, Deutschland 2016, unter: <u>https://youtu.be/Hq6t3cQAC3Y</u> *(Stand: 06.03.2017, aufgerufen am: 28.07.2020).*

Neue Wege

Gorbatschow, Michail: Alles zu seiner Zeit. Mein Leben, 1. Auflage. Hoffmann und Campe, Hamburg 2013, S. 319 ff., 342.

Lozo, Ignaz: »ZDF-History: Michail Gorbatschow – der Weltveränderer«, Deutschland 2016, unter: <u>https://youtu.be/Hq6t3cQAC3Y</u> *(Stand: 06.03.2017, aufgerufen am: 28.07.2020).*

»Michail Sergejewitsch Gorbatschow«, unter: <u>https://de.wikipedia.org/wiki/Michail_Sergejewitsch_Gorbatschow#Ehrungen_und_Auszeichnungen</u> *(Stand: 30.06.2020, aufgerufen am: 28.07.2020).*

Dinosaurier und Betonkommunist

*Gorbatschow, Michail: Alles zu seiner Zeit. Mein Leben,
1. Auflage. Hoffmann und Campe, Hamburg 2013, S. 319
ff., 342.*

*Lozo, Ignaz: »ZDF-History: Michail Gorbatschow – der
Weltveränderer«, Deutschland 2016, unter:* https://youtu.
be/Hq6t3cQAC3Y *(Stand: 06.03.2017, aufgerufen am:
28.07.2020).*

*Fugmann, Tom: »Anfang und Ende des INF-Vertrages«,
unter:* https://www.mdr.de/zeitreise/inf-vertrag-100.html
(Stand: 19.03.2020, aufgerufen am: 28.07.2020).

Besuch in Deutschland

*Lozo, Ignaz: »ZDF-History: Michail Gorbatschow – der
Weltveränderer«, Deutschland 2016, unter:* https://youtu.
be/Hq6t3cQAC3Y *(Stand: 06.03.2017, aufgerufen am:
28.07.2020).*

*»Das Wunder vom Kaukasus: Wie Kohl Gorbatschow
das Ja zur Einheit abrang«, unter:* https://www.mdr.
de/zeitreise/kohl-gorbatschow-verhandlungen-
kaukasus-100.html *(Stand: 14.07.2020, aufgerufen am:
28.07.2020).*

»Michail Gorbatschow – ein Jahrhundertpolitiker«, unter:
https://www.mdr.de/zeitreise/michail-gorbatschow-
lebenslauf-glasnost-perestroika-reformen-100.html
(Stand: 04.11.2019, aufgerufen am: 28.07.2020).

Glasnost

Gorbatschow, Michail: Alles zu seiner Zeit. Mein Leben, 1. Auflage. Hoffmann und Campe, Hamburg 2013, S. 382 ff.

»Michail Gorbatschow – ein Jahrhundertpolitiker«, unter: https://www.mdr.de/zeitreise/michail-gorbatschow-lebenslauf-glasnost-perestroika-reformen-100.html (Stand: 04.11.2019, aufgerufen am: 28.07.2020).

»Perestroika«, unter: https://de.wikipedia.org/wiki/Perestroika (Stand: 07.07.2020, aufgerufen am: 28.07.2020).

Lozo, Ignaz: »ZDF-History: Michail Gorbatschow – der Weltveränderer«, Deutschland 2016, unter: https://youtu.be/Hq6t3cQAC3Y (Stand: 06.03.2017, aufgerufen am: 28.07.2020).

Der Vorhang fällt

Lozo, Ignaz: »ZDF-History: Michail Gorbatschow – der Weltveränderer«, Deutschland 2016, unter: https://youtu.be/Hq6t3cQAC3Y (Stand: 06.03.2017, aufgerufen am: 28.07.2020).

Gorbatschow, Michail: Alles zu seiner Zeit. Mein Leben, 1. Auflage. Hoffmann und Campe, Hamburg 2013, S. 472 ff.

»Michail Sergejewitsch Gorbatschow«, unter: https://de.wikipedia.org/wiki/Michail_Sergejewitsch_Gorbatschow#Ehrungen_und_Auszeichnungen (Stand: 30.06.2020, aufgerufen am: 28.07.2020).

»Michail Gorbatschow – ein Jahrhundertpolitiker«, unter: https://www.mdr.de/zeitreise/michail-gorbatschow-lebenslauf-glasnost-perestroika-reformen-100.html *(Stand: 04.11.2019, aufgerufen am: 28.07.2020).*

Nobelpreis

Lozo, Ignaz: »ZDF-History: Michail Gorbatschow – der Weltveränderer«, Deutschland 2016, unter: https://youtu.be/Hq6t3cQAC3Y *(Stand: 06.03.2017, aufgerufen am: 28.07.2020).*

»Friedensnobelpreis 1990 – Michail Gorbatschow«, unter: https://www.focus.de/politik/ausland/tid-20029/friedensnobelpreis-1990-michail-gorbatschow_aid_559932.html *(aufgerufen am: 28.07.2020).*

»Michail Gorbatschow – Friedensnobelpreis 1990« (»Tagesschau«, 15.10.1990), unter: https://youtu.be/7CGsL__mWrE *(Stand: 15.10.2010, aufgerufen am: 28.07.2020).*

Grünes Kreuz

Gorbatschow, Michail: Alles zu seiner Zeit. Mein Leben, 1. Auflage. Hoffmann und Campe, Hamburg 2013, S. 204 f.

oko/dpa: »Michail Gorbatschow tritt aus eigener Umweltorganisation aus«, unter: https://rp-online.de/politik/ausland/gorbatschow-verlaesst-internationales-gruenes-kreuz_aid-19292971 *(Stand: 22.02.2017, aufgerufen am: 28.07.2020).*

Abschied

Gorbatschow, Michail: Alles zu seiner Zeit. Mein Leben,
1. Auflage. Hoffmann und Campe, Hamburg 2013, S. 11
ff., 207 ff.

Lozo, Ignaz: »ZDF-History: Michail Gorbatschow – der
Weltveränderer«, Deutschland 2016, unter: https://youtu.
be/Hq6t3cQAC3Y *(Stand: 06.03.2017, aufgerufen am:*
28.07.2020).

(SL): »Raissa Gorbatschowa – First Lady der
Sowjetunion«, unter: https://www.mdr.de/zeitreise/
raissa-gorbatschowa-biografie-100.html *(Stand:*
13.03.2019, aufgerufen am: 28.07.2020).

Alte Briefe

Lozo, Ignaz: »ZDF-History: Michail Gorbatschow – der
Weltveränderer«, Deutschland 2016, unter: https://youtu.
be/Hq6t3cQAC3Y *(Stand: 06.03.2017, aufgerufen am:*
28.07.2020).

»Gorbatschow als Schlagersänger«, unter: https://www.
tagesspiegel.de/gesellschaft/panorama/hommage-
gorbatschow-als-schlagersaenger/1537980.html *(Stand:*
17.06.2009, aufgerufen am: 28.07.2020).